Platon
O JEZIKU I SAZNANJU

REČ I MISAO
PONOVLJENA IZDANJA
309

Izbor i pogovor
Dr KSENIJA MARICKI GAĐANSKI

Prevod sa grčkog
KSENIJA MARICKI GAĐANSKI
i
IVAN GAĐANSKI

Urednik
DRAGAN LAKIĆEVIĆ

PLATON

O JEZIKU
I SAZNANJU

Drugo izdanje

IZDAVAČKA RADNA ORGANIZACIJA „RAD"
BEOGRAD 1988.

ALKIBIJAD

IZ NEZNANJA SE MOŽE IZAĆI JEDINO SAMOUPOZNAVANJEM.
ŠTA ZNAČI: UPOZNATI SAMOGA SEBE?

Sokrat: Dakle, ukoliko nam ostane nepoznato šta smo zapravo mi sami, da li bismo ikad shvatili koja je to veština pomoću koje čovek postaje bolji?

Alkibijad: To ne bi bilo moguće.

Sokrat: Ipak, da li je doista lako upoznati samoga sebe i da li je to bio makar ko što je to pravilo postavio na hram Pitijskog Apolona, ili je to, naprotiv, veoma teška stvar koja nije dostupna svakome?

Alkibijad: Meni se, Sokrate, često činilo da je to dostupno svakome, a počesto, opet, da je stvarno preteško.

Sokrat: Ipak, Alkibijade, bila laka ili ne, ta tema se ovako pred nas postavlja: upoznavši ono, možda bismo spoznali i način da se brinemo o sebi samima, ali u slučaju da ne upoznamo — nikada.

Alkibijad: Tako je.

Sokrat: Ali gledaj, na koji način da se nađe šta je sama ta stvar? U tom slučaju bismo možda i pronašli šta smo to mi sami, dok bi nam to nesumnjivo bilo nemoguće ukoliko bi nam sama ta stvar ostala nepoznata.

Alkibijad: Pravo kažeš.

Sokrat: Ali, čekaj, Zevsa ti! Kome ti sada govoriš? Zar ne meni?

Alkibijad: Pa da.

Sokrat: Svakako onda i ja tebi?

Alkibijad: Dabome.
Sokrat: Tako je Sokrat onaj koji govori?
Alkibijad: Nesumnjivo.
Sokrat: A Alkibijad je onaj koji sluša?
Alkibijad: Pa da.
Sokrat: Sokrat se, svakako, služi govorom da bi govorio?
Alkibijad: Neosporno.
Sokrat: Onda, valjda, smatraš da je *govoriti* i *služiti se govorom* jedno te isto?
Alkibijad: Nesumnjivo.
Sokrat: Tako se međusobno ne razlikuju onaj koji se služi i ono čime se služi?

(128e—129c)

(Čovek se u obavljanju neke radnje služi ne samo instrumentom već i delovima svoga tela ili celim telom, kojim, opet, upravlja duša. Tako se čovek definiše ne kao *telo* ili *telo + duša* već kao *duša*.)

Sokrat: Prema tome, zar nije u redu da se smatra da ono čime se ti i ja služimo u međusobnom saobraćaju čini govor duše s dušom?
Alkibijad: Ali nesumnjivo.
Sokrat: Upravo smo to maločas i rekli: Sokrat govori Alkibijadu služeći se govorom, i to ne upućujući govor tvojoj masci već Alkibijadu lično; a to je tvoja duša.
Alkibijad: Mislim da je tako.
Sokrat: Prema tome, onaj koji naređuje da čovek upozna samog sebe, zahteva da upoznamo svoju dušu.

(130de)

HARMID

ŠTA ZNAČE JEZIČKI NAZIVI

»— E, Kritija, rekoh, čim si započeo, skoro da sam shvatio šta hoćeš da kažeš, naime, da pod *dobrim* podrazumevaš ono što čoveku pripada i što je njegovo, a da radnjom nazivaš činjenje dobra. Ja sam, u stvari, i Prodika sijaset puta slušao kako raspravlja o jezičkim izrazima. Ali tebi sada puštam da primenjuješ jezičke nazive kako god želiš, pod uslovom da jasno ukažeš na šta se odnosi svaki naziv koji upotrebiš. Dakle, sada ponovo i iz početka definiši jasnije da li pod razboritošću podrazumevaš *radnju* ili *činjenje dobra*, ili kako god već hoćeš da to nazoveš. — Da, reče, tako je.«

(163de)

»Eto, onda — u svemu smo pretrpeli poraz i nismo kadri da otkrijemo na šta se zapravo odnosi taj naziv koji je imenodavac dao: *razboritost*. A ipak smo pristali na štošta što ne proizlazi iz našeg razmatranja. Najpre smo se složili da postoji znanje o znanju, iako nam to razmatranje nije dopuštalo, već je čak osporavalo tako nešto. Zatim smo se opet saglasili da se pomoću tog znanja saznaju i dejstva drugih znanja, a da nam razmatranje ni to nije dopuštalo, i to sve da bismo mogli tvrditi kako je razborit onaj kome je poznato da zna ono što zna a da ne zna ono što ne zna.«

(175bc)

EUTIDEM

ŠTA ČOVEK UČI

Klejnija, međutim, odgovori Eutidemu da učenici uče ono što ne znaju, a ovaj ga upita na isti način kao i ranije: Zar ti, reče, ne znaš slova? — Znam, odgovori. — I to sva? — On potvrdi. — Dakle, ako neko glasno izgovori nešto, šta bilo, zar nisu to slova koja on glasno izgovara? — On potvrdi. — Dakle, reče, on izgovara glasno nešto od onoga što ti znaš, ukoliko ih već znaš sva? — I sa tim se složi. — Šta onda, reče, zar ti, ono što neko izgovara glasno, ne shvataš, a onaj koji ne zna slova — shvata. — Ne, reče, ja shvatam. — Dakle, reče, shvataš ono što znaš, ukoliko već znaš sva slova? — Potvrdi. — Znaš da nisi dobro odgovorio — reče.

(276c—277b)

Naime, kao što kaže Prodik, najpre treba proučiti adekvatnost jezičkog izraza; a to ti upravo i pokazuju ova dvojica stranaca: da nisi znao da reč *shvatiti* ljudi upotrebljavaju za onoga koji u početku ništa ne zna o nekom predmetu, ali ga kasnije upozna, a isto tako nazivaju i onoga koji već poseduje to znanje i pomoću njega ispituje upravo taj isti predmet kada se izrađuje ili kad se o njemu govori. Doduše, pre će to nazvati *razumeti* nego shvatiti, ali kadikad kažu i *shvatiti*. Tebi je, pak, kao što ovi pokazuju, upravo to promaklo: da se isti naziv upotrebljava i za osobe sa sasvim suprotnim osobinama — tj. i za čoveka koji nešto zna i za onog koji to ne zna. Skoro da će isto biti i kod drugog pitanja, kada su te pitali, da li ljudi uče ono što znaju ili ono što ne znaju. Takav pristup znanjima je zaista igrarija — stoga i tvrdim da se oni s tobom igraju — a kažem da je igrarija zato što, čak i ako neko drugi sazna mnogo šta ili čak i sve to, on ništa neće bolje poznavati prirodu i osobine tih predmeta, već će jedino biti kadar da se poigrava s ljudima i da im, na osnovu razlike u jezičkim izrazima, podmeće rušeći ih, kao što se raduju i oni koji nekom izvuku stolicu pre no što sedne a potom se zacene od smeha kad ga vide onako opruženog na tlu.

(277e—278c)

KRATIL

LICA:
        HERMOGEN
        KRATIL
        SOKRAT

U ČEMU SE SASTOJI ADEKVATNOST JEZIČKOG IZRAZA

Hermogen: Hoćeš li onda da i Sokratu saopštimo o čemu smo razgovarali?

Kratil: Kako hoćeš.

Hermogen: Sokrate, Kratil, evo, tvrdi da je adekvatnost reči po prirodi svojstvena svemu što postoji i da ta reč nije ono čime se pojedinci dogovore da nazivaju neku stvar. Onda ja njega upitam da li mu je Kratil zaista pravo ime ili nije; a on odgovori potvrdno. »A Sokratu?« rekoh. »Sokrat«, veli. »Zar onda i svim ostalim ljudima nije pravo ono ime kojim ih zovemo?« A on će: »Tebi, u najmanju ruku, nije Hermogen, pa makar te tako svi zvali.« Ja ga opet pitam želeći da znam šta tim zapravo podrazumeva, ali on ništa ne razjašnjava, nego mi se još podsmeva, gradeći se da u sebi nešto razmišlja, kao da tobože zna nešto o svemu tome, nešto što bi, kad bi on samo hteo da to jasno kaže, mene navelo da se s njim složim i da podržim njegov stav. Ako ti, dakle, nekako možeš da rastumačiš Kratilovo proroštvo, voleo bih da to čujem. A još bi mi bilo milije da čujem šta ti misliš o pravom značenju reči, ako je tebi to po volji.

Sokrat: Hermogene, sine Hiponikov, stara je izreka da je lepo teško onda kada treba saznati kakva mu je prava priroda; a ni proučavanje reči nije neka beznačajna nauka. Da sam ja već slušao Prodikovo izlaganje po ceni od pedeset drahmi, za koje on tvrdi da slušaoca potpuno upućuje u taj problem, ništa sada ne bi stajalo na putu da ti smesta saznaš punu istinu o adekvatnosti reči; ali ja nisam čuo to izlaganje, nego samo ono po ceni od jedne drahme. I tako ne znam gde je prava istina o svemu tome; ali sam ipak spreman da je istražujem zajedno s tobom i sa Kratilom. A za to što on kaže da tebi Hermogen nije pravo ime, ja bih rekao da on zbija šalu: možda, naime, aludira na tvoje stalne uzaludne pokušaje da stekneš bogatstvo. Ali, kao što maločas rekoh, te stvari je teško znati i zajednički treba da se latimo da vidimo da li stvari stoje onako kako ti kažeš ili onako kako kaže Kratil.

(383a—384c)

HERMOGENOVA TEZA: JEZIK SE ZASNIVA NA DOGOVORU I SAGLASNOSTI LJUDI

Hermogen: Što se mene tiče, Sokrate, često sam razgovarao i s njim i sa mnogima drugima, ali ne mogu da se uverim da postoji neka druga adekvatnost reči osim dogovora i saglasnosti ljudi. Meni se, naime, čini da je pravo ime neke stvari ono kojim nju neko nazove, a ako ga opet promeni i ono prvo više ne upotrebljava, drugo ime nije nimalo neadekvatnije od prethodnog. Tako mi menjamo imena svojim slugama i novo ime nije ništa ispravnije od onoga koje smo promenili. Jer nijedan naziv ničemu nije svojstven po prirodi, nego po običaju i navici onih koji su se navikli da ga upotrebljavaju. Ali ako stvar stoji drukčije, i ja sam spreman da učim i da slušam ne samo Kratila, nego i bilo koga drugog.

Sokrat: Možda ima nečega u tome što kažeš, Hermogene; hajde da vidimo. Ono što neko upotrebi da nazove neku stvar, to je njeno pravo ime?

Hermogen: Čini mi se.

Sokrat: Svejedno da li to ime daje pojedinac ili država?
Hermogen: Tačno.
Sokrat: Pa kako? Ako ja zovem bilo koju stvar, recimo ono što sada zovemo *čovek*, ako ja, dakle, sada to nazovem *konj*, a ono što zovemo *konj* nazovem *čovek*, da li će tome za sve druge biti ime »čovek«, a za mene *konj*? A ono što je za mene *čovek*, za sve druge će biti *konj*? Da li to hoćeš da kažeš?
Hermogen: Čini mi se.
Sokrat: Dede, reci mi ovo: nazivaš li ti nešto *govoriti istinito* i *govoriti lažno*?
Hermogen: Nazivam.
Sokrat: Jedan govor bi, dakle, bio istinit, a drugi lažan?
Hermogen: Dabome.
Sokrat: Zar ne bi, dakle, onaj govor koji bi o stvarima govorio kakve one jesu, bio istinit, a onaj koji bi govorio kakve nisu, lažan?
Hermogen: Da.
Sokrat: Moguće je, dakle, da se govorom iskaže ono što jeste i ono što nije?
Hermogen: Moguće je.
Sokrat: A da li je istinit govor u celini istinit, a da njegovi delovi nisu istiniti?
Hermogen: Ne, i delovi su istiniti.
Sokrat: Da li su krupni delovi istiniti, a sitni nisu; ili su svi istiniti?
Hermogen: Mislim da su svi.
Sokrat: Da li je moguće da kažeš neki deo govora manji od reči?
Hermogen: Nije; ona je najmanji deo.
Sokrat: A zar se i reč ne kazuje u istinitom govoru?
Hermogen: Da.
Sokrat: Ona je istinita, kao što tvrdiš.
Hermogen: Da.
Sokrat: A deo lažnog govora je lažan?
Hermogen: Tako je.

Sokrat: Moguće je, dakle, da se kaže lažna i istinita reč, ako to važi za govor?
Hermogen: Kako da ne.
Sokrat: I naziv koji svako daje nekoj stvari — to je naziv za svakog?
Hermogen: Da.
Sokrat: I koliko god naziva da neko da jednoj stvari, ona će ih toliko imati i u trenutku kad ih on daje?
Hermogen: Za mene bar, Sokrate, nema druge adekvatnosti reči osim one da ja svaku stvar mogu nazivati imenom koje sam joj ja dao, a ti opet onim koje si joj ti dao. Isto tako vidim da države katkada svaka za sebe imaju drukčiji naziv za istu stvar, i Heleni drukčije od ostalih Helena, i Heleni drukčije od barbara.

(384c—385e)

GOVORENJE I DAVANJE NAZIVA SU RADNJE

Sokrat: Zar i govorenje nije neka radnja?
Hermogen: Jeste.
Sokrat: Da li će onda govoriti ispravno onaj ko govori upravo onako kako se njemu čini da treba da govori ili će onaj, koji govori o stvarima na način i sredstvima koja su im od prirode svojstvena da kazuju i da budu kazane, uspeti da odista nešto saopšti; u suprotnom slučaju, promašiće i ništa neće postići?
Hermogen: Čini mi se da je tako kao što kažeš.
Sokrat: Zar deo govorenja nije davanje naziva? Davanjem naziva, naime, nastaje govor.
Hermogen: Tačno.
Sokrat: A zar i davanje naziva nije neka radnja, ako je govorenje bila radnja koja se odnosi na stvari?
Hermogen: Jeste.

Sokrat: Za radnje smo videli da ne postoje u odnosu na nas, nego da imaju neku svoju sopstvenu prirodu?
Hermogen: Tako je.
Sokrat: Zar ne treba stvarima davati nazive načinom i sredstvom koji je njima prirodno svojstven da nazive daju i da budu nazvane, a ne onako kako bismo mi želeli, ako treba inače da budemo saglasni s onim što je prethodno rečeno? I samo tako bismo uspeli u davanju naziva, a drukčije ne?
Hermogen: Čini mi se da je tako.

(387b—387d)

REČ KAO INSTRUMENT ZA POUČAVANJE

Sokrat: Dobro, dakle; ono što je trebalo da se seče, kažemo da je trebalo da se seče nečim?
Hermogen: Da.
Sokrat: I ono što je trebalo da se tka, trebalo je da se tka nečim, i ono što je trebalo da se buši, trebalo je da se buši nečim?
Hermogen: Tako je.
Sokrat: I ono što je trebalo da se nazove, trebalo je da se nazove nečim?
Hermogen: Tako je.
Sokrat: Čime je trebalo da se obavlja bušenje?
Hermogen: Svrdlom.
Sokrat: A čime tkanje?
Hermogen: Čunkom.
Sokrat: A nazivanje?
Hermogen: Rečju.
Sokrat: Pravo kažeš. I reč je, dakle, nekakav instrument.
Hermogen: Sasvim tako.
Sokrat: Kad bih ja sad upitao: »Kakav instrument beše čunak?« Zar ne onaj kojim tkamo?
Hermogen: Da.

Sokrat: A šta radimo kada tkamo? Zar ne razlučujemo potku i niti snovane zajedno?
Hermogen: Da.
Sokrat: Zar nećeš moći da mi isto tako kažeš i o svrdlu i o ostalom?
Hermogen: Svakako.
Sokrat: Možeš li onda isto tako da mi kažeš i o reči? Ako je reč instrument, šta mi činimo dajući nazive?
Hermogen: To ne znam da kažem.
Sokrat: Zar mi ne poučavamo nečem jedan drugog i ne razlučujemo stvari prema njihovoj prirodi?
Hermogen: Svakako.
Sokrat: Reč je, prema tome, izvestan instrument za poučavanje i za razlučivanje suštine kao što je čunak instrument za razlučivanje tkanja.

(387d—388c)

HOMER O ADEKVATNOSTI IMENA: GOVOR *BOGOVA*

Hermogen: A šta govori, Sokrate, Homer o imenima, i gde?
Sokrat: Na mnogo mesta; ali su najznačajnija i najlepša ona mesta gde kod istih stvari ističe razliku kojim ih imenom nazivaju ljudi, a kojim bogovi. I zar ti ne smatraš da o adekvatnosti imena on tu kaže nešto značajno i za divljenje? Jer je, naime, jasno da, što se tiče adekvatnosti, bogovi daju ona imena koja su po prirodi; ili ti ne smatraš da je tako?
Hermogen: Pa ja, doista, dobro znam da ako oni nešto nazovu, nazovu to adekvatnim imenom. Ali kakva su imena o kojima ti govoriš?
Sokrat: Zar ne znaš da o onoj reci u Troji koja je imala dvoboj sa Hefajstom on kaže: »koju Ksantom nazivaju bogovi, a Skamandrom ljudi«?
Hermogen: Znam.

Sokrat: Šta, dakle, onda? Zar ne smatraš da ima nečega vrlo ozbiljnog u tome da se zna koliko je tu reku adekvatnije nazvati Ksantom nego Skamandrom? Ili, ako hoćeš, uzmimo pticu za koju kaže da su je »halkidom nazvali bogovi, a ljudi ćukom«. Držiš li da je beznačajno saznanje da je istu pticu pravilnije nazivati halkidom nego ćukom? Ili reći *Batijeja* a ne *Mirina*, i mnoga druga imena kod ovoga pesnika, a i kod drugih.

Ali možda i moje i tvoje snage prevazilazi da to otkrijemo; kako mi se čini, čoveku je pristupačnije i lakše da ispita imena *Skamandrije* i *Astijanakt*, kako on kaže da se zove Hektorov sin, da ispita kakva to kaže Homer da je njihova adekvatnost. Ti, bez sumnje, znaš stihove u kojima je ovo o čemu govorim.

Hermogen: Svakako.

(391d—392b)

HOMER O ADEKVATNOSTI IMENA:
MUŠKI I ŽENSKI GOVOR

Sokrat: Šta misliš, dakle, koje ime Homer drži da adekvatnije pristaje dečaku, da li Astijanakt ili Skamandrije?

Hermogen: Ne umem da kažem.

Sokrat: Onda to ovako razmatraj. Kad bi te ko upitao: šta misliš, da li adekvatnija imena daju razboriti ili nerazboriti?

Hermogen: Jasno je da bih rekao: razboriti.

Sokrat: Da li se tebi čini da su u državama razboritije žene ili muškarci, da tako uopšteno kažemo?

Hermogen: Muškarci.

Sokrat: Ti znaš, zar ne, da Homer kaže da Hektorova sinčića Astijanaktom zovu Trojanci; onda je jasno da ga Skamandrijem zovu žene, kad su ga već Astijanaktom nazivali muškarci?

Hermogen: Izgleda.
Sokrat: Zar nije i Homer držao da su Trojanci mudriji od svojih žena?
Hermogen: Mislim da jeste.
Sokrat: Prema tome je on smatrao da ime Astijanakt dečaku pristaje bolje nego Skamandrije.
Hermogen: Očigledno.
Sokrat: A sad razmotrimo zašto. Ali, ne navodi li nam najlepše on sam taj razlog? Jer kaže: »a on je sam branio grad i zidove duge«. Zbog toga je, kako izgleda, ispravno da spasiočeva sina zovemo Astijanaktom, tj. *gospodarem grada* koji je spasavao njegov otac, kako to Homer kaže.
Hermogen: Čini mi se.
Sokrat: Kako to, dakle? Jer, Hermogene, čak ni ja sam to ne shvatam; da li ti shvataš?
Hermogen: Ne, Zevsa mi, ni ja ne shvatam.
Sokrat: Ali, dragoviću moj, zar nije sam Homer i Hektoru dao ime?
Hermogen: Pa?
Sokrat: Meni se čini da je ono po nečemu blisko imenu Astijanakt i da oba ta imena izgledaju kao grčke reči. Jer *anaks* (gospodar) i *hektor* (posednik) imaju skoro isto značenje i oba su imena kraljevskog ranga; jer, ako je neko gospodar nečega on je i posednik toga; jasno je da on tim gospodari, da ga poseduje, da ga ima. Ili se tebi čini da ništa nisam rekao i da čak sam sebe varam smatrajući da sam razabrao nekakav trag o tome šta Homer misli o adekvatnosti imena?
Hermogen: Zevsa mi, nisi se prevario, kako mi se čini, nego si taj trag razabrao.

DAVANJE NAZIVA *PRIRODNOM POTOMSTVU*

Sokrat: Pravedno je, čini mi se, da se mladunče lava zove lavom, a mladunče konja konjem. Tu ne podrazumevam slučaj ako se, čudovišno, od konja ne izrodi konj, već nešto drugo od onoga što je po prirodi izdanak svoje vrste — eto šta podrazumevam. Ako se konju oždrebi protiv prirode ono što je po prirodi mladunče govečeta (tj. tele), to ne treba da se naziva ždrebetom, nego teletom. Isto tako mislim da ako se od čoveka rodi nešto što nije ljudski potomak, taj izrod ne treba da se naziva čovekom. Isto važi i za drveće i za sve ostalo. Ili se tebi ne čini da je tako?

Hermogen: Čini mi se.

(393b—393c)

PRAVO ZNAČENJE REČI BEZ OBZIRA NA NJIHOV IZGLED

Sokrat: Pravo kažeš: pazi, naime, da te kako ne prevarim. Prema istom principu, dakle, ako se kralju rodi neki potomak, i on treba da se naziva kraljem; nije, međutim, važno da li se i s t o označava ovim ili onim slogovima; niti ima ikakvog značaja da li se koje slovo dodaje ili oduzima dokle god dominira ona suština stvari koja se manifestuje u nazivu.

Hermogen: Šta tim podrazumevaš?

Sokrat: Ništa komplikovano. Elemente alfabeta, kao što znaš, mi označavamo imenima, a ne samim tim elementima, osim e, u, o i dugo o; drugim elementima, samoglasnicima i suglasnicima, znaš da dodajemo još slova stvarajući tako njihovo ime (alfa, beta, gama itd.). Ali, dokle god u to unosimo osnovnu karakteristiku elementa i dok je ona jasna, ispravno je da elemenat nazivamo tim imenom koje će nam ga jasno pokazivati. Kod BETA, na primer: vidiš da dodavanjem E, T, A ništa nije zasmetalo da se jasno ukaže priroda tog elementa pomoću celog imena, kako je i hteo zakonodavac: tako dobro je on znao da slovima da imena.

Hermogen: Čini mi se da imaš pravo.

Sokrat: Isti princip se primenjuje i na kralja? Od kralja će se roditi kralj, od dobroga — dobar, od lepoga — lep, i sve drugo na isti način, od svake vrste rodiće se njoj sličan potomak, ukoliko se ne rodi nešto čudovišno. Treba ih, dakle, nazivati istim imenima. Ništa ne smeta, međutim, ako su slogovi kod tih imena izmenjeni tako da bi neupućen pomislio da su ona međusobno različita, iako su u stvari ista. Kao što se nama čine različitim lekarije, izmenjene pomoću boja ili mirisa, a u stvari su iste; lekaru, međutim, koji vodi računa samo o lekovima, one izgledaju iste i te primese ga ne zbunjuju. A tako po svoj prilici i stručnjak u rečima vodi računa o njihovoj vrednosti i ne zbunjuje se ako se neko slovo doda, zameni ili oduzme, ili ako se vrednost reči izrazi potpuno drugim slovima. Kao što maločas rekosmo, Astijanakt i Hektor osim T nemaju nijednog zajedničkog slova, a ipak im je značenje isto. A i Arhepolj (vladar grada) — koje mu je slovo zajedničko s prethodnim primerima? — ipak označava to isto. I još je mnogo drugih primera čije je jedino značenje *kralj*. A druga imena opet označavaju vojskovođu (Agid, npr., pa Polemarh i Eupolem). Jedna su *lekarska* imena (kao Ijatrokle ili Akesimbrot), a mogli bismo po svoj prilici da nađemo mnoga imena koja zvuče sasvim različito, i u slogovima i u slovima, ali po vrednosti govore sasvim isto. Da li se i tebi čini da je tako, ili ne?

Hermogen: Apsolutno.

(393c—394c)

IMENA BOGOVA

Sokrat: ...A verovatno da ćemo adekvatne nazive naći najpre kod onih stvari koje su, po prirodi, večite. Jer mora da se tu najpre trudilo kod donošenja imena. Čak neka od njih potiču možda i od uzvišenije sile nego što je ljudska.

Hermogen: Čini mi se, Sokrate, da pravo kažeš.

Sokrat: Nije li onda pravedno da počnemo od bogova, ispitujući koliko su adekvatno nazvani upravo tim imenom *theoi?*

Hermogen: Tako je.

Sokrat: O tome, dakle, ja ovo naslućujem: čini mi se da su prvi stanovnici Helade samo one držali za bogove koje i dan-danas drže mnogi među barbarima: sunce, mesec, zemlju, zvezde i nebo. Gledajući, dakle, njih uvek na određenim putanjama u pokretu, po toj njihovoj prirodnoj osobini kretanja *(thein)* i odredili su im ime. Kasnije su upoznali i sve druge bogove i nazvali ih istim imenom. Liči li ti na istinu to što govorim, ili ne?

Hermogen: Sasvim mi liči.

(397b—397d)

(Na sledećih četrdesetak stranica Platon izvodi etimologije za većinu imena bogova i boginja, zatim za astronomske, etičke, filosofske i mnoge druge nazive (396d—421c). S posebnom pažnjom analizira naročito reči kojima se izražava kretanje, s jedne strane, i mirovanje, s druge, često aludirajući na Heraklitovu doktrinu o sveopštem kretanju.)

POJEDINAČNI NAZIVI NASTAJU MENJANJEM ILI SAŽIMANJEM VIŠEČLANIH IZRAZA

Sokrat. ...Vidi onda na šta mislim. Prvo, naime, što treba kod reči zapaziti jeste da često kod jednih imena dodajemo slova, a kod drugih ih uklanjamo, pomoću čega dajemo nazive po svojoj volji, a pri tom premeštamo i naglaske. Tako, na primer, od izraza[1] *Dii philos* dobili smo ime uklanjanjem drugoga *i* i promenjenim izgovorom akcenta na srednjem slogu. Kod drugih primera, naprotiv, slova dodajemo, a umesto akuta izgovaramo drugi akcent.

Hermogen: Pravo kažeš.

Sokrat: Čini mi se da se nešto slično dogodilo i sa rečju kojom se označava čovek. Taj je naziv, naime, nastao od izraza iz koga je izostavljeno jedno *a* i promenom naglaska na zadnjem slogu.[2]

(399ab)

BARBARSKO POREKLO POJEDINIH REČI

Hermogen: A šta je sa rečima vatra i voda *(pyr, hydōr)*?

Sokrat: U nedoumici sam s obzirom na reč vatra. Kao da me je napustila muza Eutifronova ili je taj problem pretežak. Vidi kakvu izvodim ujdurmu s obzirom na sve takve probleme zbog kojih sam u nedoumici.

Hermogen: De, kakvu?

Sokrat: Reći ću ti. Odgovori mi: možeš li da mi kažeš na osnovu čega je vatra dobila taj naziv?

Hermogen: Zevsa mi, ne mogu.

Sokrat: Vidi onda šta ja naslućujem o tome. Mislim, naime, da su Heleni, i to naročito oni koji žive u blizini barbara, mnoge reči od njih preuzeli.

---

[1] Grčki *rhēma;* u *Kratilu* to nema kasnije značenje: glagol, odnosno predikat (kao u *Teajtetu* i *Sofistu*).

[2] Grčku reč *anthrōpos* — *čovek* Sokrat objašnjava pomoću izraza *anathron ha opope* — *onaj koji razmišlja o onome što vidi* (za razliku od životinja koje o tome ne razmišljaju).

Hermogen: Pa?
Sokrat: Vidiš da bi bio u nedoumici onaj koji bi ispitivao ove reči i njihovu eventualnu adekvatnost na osnovu grčkog govora, a ne na osnovu onoga iz koga ta reč stvarno potiče.
Hermogen: Prirodno.
Sokrat: Gledaj sada da nije i taj naziv za vatru kakva barbarska reč. Jer, njega nije lako dovesti u vezu s helenskim govorom, a poznato je da tako, uz neznatne izmene, Frigijci nazivaju vatru. Isto je i sa nazivima za vodu, za psa *(kyōn)*, i za mnogo drugih.
Hermogen: Tačno.
Sokrat: S tim rečima, dakle, ne treba da se postupa na silu ako bi neko hteo da o njima govori. A ja ovde od njih dižem ruke.

(409d—410a)

NAMERNO ULEPŠAVANJE JEZIKA

Sokrat: ... Zar ne znaš da su jezičke nazive, koji su prvobitno uspostavljeni, već uveliko izmešali oni koji su hteli da te reči zvuče visokoparno, pa su im dodavali *slova* i izbacivali, samo radi *blagoglasja*, te su potpuno izvitoperene od tog *ulepšavanja*, a i usled delovanja vremena... Ali tako, po mome mišljenju, postupaju ljudi kojima uopšte nije stalo do istinitosti, već samo doteruju izgovor, te dodavanjem tih silnih naslaga na prvobitne izraze na kraju postižu da nijedan čovek više nije kadar da razume pravo značenje neke reči.

(414cd)

DODAVANJEM I IZOSTAVLJANJEM *SLOVA* MENJA SE ZNAČENJE REČI

Sokrat: ... Pogledaj, Hermogene, da li je ispravno ako kažem da se dodavanjem i izostavljanjem pojedinih *slova* značenje reči veoma menja, i to toliko da se ponekad upravo neznatnim odstupanjem postiže sasvim suprotno značenje.

(Navode se primeri koji treba da pokažu da se pravo značenje tih reči vidi tek kad se uzme u obzir njihov nekadašnji oblik u *starom jeziku*.)

Hermogen: Na šta misliš?
Sokrat: Reći ću ti. Poznato ti je da su naši stari veoma često upotrebljavali *i* i *d*, i to pogotovo žene, koje i inače najviše čuvaju jezičku starinu.

(418a—c)

OSNOVNI SASTAVNI DELOVI REČI; PRIMARNE I SEKUNDARNE REČI; MIMETIČKI GOVOR

Hermogen: Čini mi se, Sokrate, da si to sasvim valjano raščlanio. Ali kad bi neko upitao o rečima *ion* (ono što se kreće), *rheon* (ono što teče) i *doun* (ono što vezuje, drži), u čemu se sastoji njihova adekvatnost?
Sokrat: Misliš: šta bismo mu odgovorili, zar ne?
Hermogen: Sasvim tako.
Sokrat: Nešto smo upravo maločas predložili da bi izgledalo kako nam je odgovor verodostojan.
Hermogen: A šta to?
Sokrat: Da za ono u šta se ne razumevamo kažemo da je to nešto barbarsko. Možda je, dakle, tim rečima zaista i svojstvena takva osobina, a možda su prvobitne reči neobjašnjive i zbog svoje starine. A budući da se reči svakojako izvrću, ne

bi uopšte bilo čudno ako se starinski govor u odnosu na današnji niukoliko ne razlikuje od barbarskog govora.

Hermogen: Nije uopšte nedolično to što kažeš.

Sokrat: Jer govorim ono što je verovatno. Ipak, čini mi se da u ovoj stvari nisu prihvatljivi izgovori, nego da treba da pregnemo i da to ispitamo temeljno. Razmislimo, dakle: ako bi neko stalno postavljao pitanja o onim izrazima pomoću kojih se obrazuje jedan naziv, i ako bi zatim opet istraživao ono pomoću čega su obrazovani ti izrazi, i ako s tim ispitivanjem nikako ne prestaje, zar neće nužno onaj koji mu odgovara najzad zaćutati?

Hermogen: Čini mi se da hoće.

Sokrat: Kada će onda taj ispitanik s pravom odustati od daljih odgovora? Zar ne u trenutku kada dospe do onih reči koje su tako reći osnovni sastavni delovi svega ostalog, i rečenice i reči? Jer, ako stvari tako stoje, te reči valjda više ne mogu s pravom izgledati kao da su složene od drugih reči. Na primer, upravo rekosmo da je *agathos* (dobar) složeno od *agastos* i *thoos;* za *thoos* bismo po svoj prilici mogli da kažemo da je složeno od drugih reči, a za njih opet to isto; ali kad bismo jednom dobili ono što više nije složeno od nekih drugih reči, bili bismo u pravu da kažemo da smo najzad dospeli do osnovnog sastavnog dela i da njega više ne treba da svodimo na neke druge reči.

Hermogen: Čini mi se da pravo govoriš.

Sokrat: A sad, da li su i reči za koje me upravo pitaš takve elementarne reči i da li treba da na neki drugi način ispitamo u čemu se sastoji njihova adekvatnost?

Hermogen: Verovatno.

Sokrat: Zaista verovatno, Hermogene: bar se čini da se sve ranije spomenute reči svode na ove. Ako, dakle, stvar stoji onako kako se to meni čini, dede da opet sve zajedno razmotrimo da ja ne

bih izbrbljao kakvu budalaštinu govoreći u čemu bi se sastojala adekvatnost primarnih reči.
Hermogen: Ti samo govori, a i ja ću, koliko mi snaga dopušta, učestvovati u razmatranju.
Sokrat: Mislim da se i tebi čini da za svaku reč, od prve do poslednje, postoji samo jedna adekvatnost i da se u tom pogledu ne razlikuje jedna reč od druge, jedino što nije nijedna od njih.
Hermogen: Sasvim.
Sokrat: Ali kod reči koje smo dosada pregledali, adekvatnost se sastojala otprilike u tome da se pokaže kakvo je sve ono što postoji.
Hermogen: Kako da ne.
Sokrat: To, dakle, treba da bude svojstveno u istoj srazmeri i primarnim i sekundarnim rečima, ako doista hoće da budu reči.
Hermogen: Sasvim.
Sokrat: Ali sekundarne reči, kako izgleda, mogu da postignu to samo pomoću primarnih.
Hermogen: Očigledno.
Sokrat: Dobro. A primarne reči, kojima se u osnovi ne nalaze neke druge reči, na koji će način postići da što je moguće više ono što postoji za nas postane razgovetno, ako to doista hoće da budu reči?

(422c—e)

KINETIČKI GOVOR

Sokrat: ... Ali odgovori mi ovo: ako ne bismo imali ni glasa ni jezika, a jedni drugima bismo hteli da ukažemo na predmete, zar ne bismo pokušavali, baš kao što to čine gluvonemi, da ih označimo pomoću ruku, pomoću glave, ili drugim delovima tela?
Hermogen: Kako bismo drukčije, Sokrate?
Sokrat: Dakle, mislim, ako bismo hteli da pokažemo *ono što je iznad* i *ono što je lako*, digli bismo

ruku prema nebu prikazujući samu prirodu predmeta; a ako bismo hteli da pokažemo *ono što je dole* i *ono što je teško*, pokazali bismo prema tlu. A kada bismo hteli da pokažemo konja u trku, ili kakvu drugu životinju, je li da bismo svoje telo postavili u položaj što sličniji predmetima na koje ukazujemo?

Hermogen: Neminovno je, čini mi se, da je tako kako ti kažeš.

Sokrat: Mislim da tako, naime, ukazujemo na nešto pomoću tela; telo izgleda prikazuje ono na šta želimo da ukažemo.

Hermogen: Da.

(422e—423b)

DEFINICIJA REČI I

Sokrat: Ali budući da mi hoćemo da ukazujemo na nešto pomoću glasa, jezika i usta, zar nećemo pomoću njih ukazati na svaku stvar onda kada pomoću njih bilo koju stvar prikazujemo?

Hermogen: Čini mi se, neminovno.

Sokrat: Reč je onda, kako se čini, prikazivanje glasovnim sredstvima onoga što se prikazuje i čemu, u trenutku prikazivanja, onaj koji prikazuje daje naziv glasovnim sredstvima.

Hermogen: Čini mi se.

Sokrat: Tako mi Zevsa, druže, meni se nekako ne čini da dobro rekosmo!

Hermogen: A što?

Sokrat: Zar ne bismo morali da se složimo da oni koji prikazuju ovce ili petlove i druge životinje daju i ime onome što prikazuju?

Hermogen: Istinu govoriš.

Sokrat: A čini li ti se da je to tako?

Hermogen: Ne. Ali onda, Sokrate, kakav bi prikaz bilo ime?

Sokrat: Prvo, kako mi se čini, ne ako bismo prikazivali onako kako se sredstvima muzičkog izražavanja prikazuju stvari, makar da i u tom slučaju koristimo glas; drugo — ne ako bismo i mi prikazivali ono što prikazuje muzika: čini mi se da tada ne bismo dali nazive i imena stvarima. Tim, dakle, podrazumevam ovo: da li sve stvari imaju zvuk i oblik, a mnoge i boju?
Hermogen: Imaju.
Sokrat: Zar se ne čini onda da, ako bi neko to prikazivao, ni prikazi tih elemenata ne bi spadali u veštinu davanja naziva. Jer među tim prikazima jedan je muzička veština, a drugi slikarska; zar ne?
Hermogen: Da.
Sokrat: A šta kažeš o ovome? Zar ti se ne čini da svaki predmet ima suštinu, kao što ima boju i ostalo o čemu smo upravo govorili? Najpre — zar sama boja i glas nemaju svako za sebe nekakvu suštinu i sve ostalo što je zaslužilo odredbu i naziv *biće*?
Hermogen: Čini mi se da je tako.

(423b—e)

DEFINICIJA REČI II

Sokrat: Šta onda? Ako bi neko mogao da to samo, tj. suštinu svakoga predmeta, prikazuje slovima i slogovima, zar ne bi on za svaku stvar pokazao kakva ona jeste? Ili ne bi?
Hermogen: Sasvim tako.
Sokrat: A kako bi nazvao čoveka koji je kadar da to učini? Od onih prethodnih si jednog nazvao muzičarem, drugog slikarem. A kako bi ovog?
Hermogen: Čini mi se, Sokrate, da bi to bio onaj koga već poodavno tražimo: imenodavac.

(423e—424a)

METOD ISTRAŽIVANJA

Sokrat: ... Ali na koji bi način moglo da se odredi odakle prikazivač počinje svoj prikaz? Ako se doista prikaz suštine obavlja pomoću slogova i slova, zar nije najispravnije da se prvo odrede elementarni delovi, kao što oni koji se bave ritmovima prvo odrede vrednosti elementarnih delova, a posle toga vrednosti slogova i zatim, ali nikako ranije, prelaze na ispitivanje ritmova?

Hermogen: Jeste.

Sokrat: Zar ne treba i mi onda isto tako prvo da odredimo samoglasnike, a zatim, prema vrstama, ostale elemente da klasifikujemo u poluglasnike i suglasnike — jer tako ih nekako zovu stručnjaci o ovim stvarima — a onda one koji nisu ni samoglasnici ni suglasnici? Zatim, koje su različite vrste i među samim samoglasnicima? A kada to odredimo, moramo, s druge strane, da dobro odredimo sva bića kojima treba da se daju nazivi, da vidimo da li postoje elementi na šta se sva ona svode, kao što je bio slučaj s elementarnim sastavnim delovima reči. Na osnovu tih elemenata bi bilo moguće da raspoznamo sama ta bića i da li i u njima postoje vrste na isti način kao što je to bilo kod elementarnih sastavnih delova reči. Kada smo sve to dobro i iscrpno razmotrili znaćemo kako da po sličnosti svaki element dovedemo u vezu: tj. da li treba da dovedemo u vezu jedan element s jednim ili da pomešamo mnoge elementarne delove i da ih dovedemo u vezu s jednim. Kao što slikari, kada žele da postignu sličnost, čas nanesu samo grimiznu boju, čas bilo koju drugu, a ponekad ih pomešaju više, na primer, kada pripremaju boju ljudske puti ili nešto slično — jer, čini se, mislim, da svaka slika zahteva specifičnu boju — tako ćemo isto i mi elementarne sastavne delove reči dovesti u vezu s predmetima, i to jedan deo s jednim predmetom, gde se čini da tako treba, ili više njih, obrazujući tako ono što se zove slog, a onda ćemo sastavljati slogove, od kojih su sastavljene reči i izrazi. Onda ćemo, najzad, od reči i izraza sastaviti nešto veliko, lepo i celovito; kao što je tamo to bilo živo biće sačinjeno pomoću slikarske veštine, ovde će to biti rečenica sačinjena pomoću onomastike (veštine davanja naziva), retorike ili već neke druge veštine. Zapravo ne *mi* — ja sam se samo odveć zaneo u govoru. Naši preci su, naime, sastavili to onako kako danas jeste; a mi, ako bismo znali da vično ispitujemo sve to, treba da, načinivši te odredbe, gledamo da li su na adekvatan način ustanovljeni kako elementarni sastavni delovi reči, tako i izvedene reči ili, pak, nisu. Drukčije povezivanje moglo bi da bude nepriкladno i nemetodsko, dragi moj Hermogene.

Hermogen: Verovatno, Sokrate, tako mi Zevsa.

(424c—425b)

KARAKTER PRIMARNIH ELEMENATA

Sokrat: Mislim, Hermogene, da će smešno izgledati da stvari postaju jasne ako su prikazane slovima i slogovima. To je, međutim, nužno, jer nemamo ničega boljeg na šta bismo se pozvali kad se radi o istinitosti primarnih reči. Ukoliko ti, pak, ne želiš da se, kao što tragički pesnici, kad su u kakvoj nedoumici, pribegavaju mašineriji dižući bogove uvis, i mi izvučemo pomoću izgovora da su bogovi dali te primarne nazive i da je to razlog adekvatnosti tih reči. Da li je i nama to najbolje rešenje? Ili, pak, ono da smo ih primili od nekih barbara i da su barbari stariji od nas? Ili opet da je nemoguće, zbog njihove starine, ispitati te reči isto onako kao što je nemoguće ispitati barbarske. Sve to bi, naime, bili izgovori, i to birani, onome koji neće da podnese račun o adekvatnosti primarnih reči. Ali ma koji god da je razlog što neko ne zna adekvatnost primarnih reči, njemu je jamačno nemoguće da to upozna kod sekundarnih reči, koje se nužno objašnjavaju pomoću prvih o kojima on opet ništa ne zna. Jasno je, međutim, da onaj koji tvrdi da je stručnjak za sekundarne reči treba da pokaže da je u stanju da kompetentno i jasno u najvećoj meri analizira primarne reči ili, pak, da shvati da, govoreći o sekundarnim rečima, on samo mlati praznu slamu. Ili ti misliš drukčije?

Hermogen: Ne, Sokrate, ni slučajno.

Sokrat: Pa dobro onda, ono što sam ja primetio kod primarnih reči i meni se samom čini da je jako brzopleto i smešno. Saopštiću ti to ako hoćeš; a ako sam odnekud iščeprkaš nešto bolje, potrudi se da to i meni saopštiš.

Hermogen: Učiniću tako. A ti hrabro govori dalje.

Sokrat: Na prvom mestu, meni se čini da je *r* instrument celokupnog kretanja... Dakle, kao što kažem, *r* je elemenat za koji je onaj koji je davao nazive pomislio da je odličan instrument za izražavanje kretanja. U svakom slučaju se on često njim služi u tu svrhu (npr. *kretati se, trčati, strujati* i sl.)... Verujem, naime, da je on video da pri izgovoru tog elementa jezik najmanje miruje a najvećma vibrira; stoga mi se čini da se tim poslužio. Što se tiče elementa *i*, ono mu je poslužilo za sve što je tanušno i što najlakše prelazi preko svega. Stoga je *ići* i *hitati* izrazio pomoću *i*. Isto tako je pomoću *f, ps, s* i *dz,* koji su svi šuštavi, prikazao sve što je takvo i dao mu naziv, npr., *psikati, tresti se* i, jednom rečju, *potres*... A čini se da je smatrao da je karakter elemenata *d* i *t,* tj. pritisak i podupiranje jezikom, pogodan da se izrazi *denuti* i *stati.* Opazivši da kod *l* jezik najvećma klizi, pomoću njega je dao nazive za ono što je *glatko,* pa baš za *kliziti,* zatim za *obilat, lepljiv,* i za sve drugo tome slično. Kako u tom klizanju jezik kod *g* zapne, taj karakter je dat rečima kao *gladak*. Primetivši, s druge strane, da se pri izgovoru *n* glas zadržava unutra, pomoću njega je nazvao *unutrašnjost*, reprodukujući na taj način činjenice pomoću slova. *A* je opet dodelio onome što je *zamašno*, *e* onome što je *veliko* zato što su ti elementi dugi. Kao znak za *okruglo* bilo mu je potrebno *o* i zato ga je umetnuo u tu reč na većinu mesta. A izgleda da je i sa svim drugim imenodavac tako postupio i načinio znak i naziv svakome biću s obzirom na slova i na slogove, a od ovih je pomoću istih elemenata dalje sve ostalo sastavio podražavanjem. Eto, Hermogene, u tome mi se čini da treba da bude adekvatnost reči, ako ovaj naš Kratil ne veli štogod drugo.

(425d—427d)

PREISPITIVANJE PROBLEMA ADEKVATNOSTI

Hermogen: Stvarno, Sokrate, Kratil mi često zadaje mnogo posla, kao što sam na početku rekao. Jer, on tvrdi da postoji adekvatnost reči, ali ništa jasno ne kaže koja je i ja ne znam da li namerno ili slučajno on o tome svaki put govori tako nejasno. Zato ti meni sada, Kratile, pred Sokratom reci da li ti se sviđa kako Sokrat govori o rečima, ili imaš o tome nešto bolje da kažeš; i ako imaš kazuj, bilo da se naučiš od Sokrata ili da nas obojicu poučiš.

Kratil: Zbilja, Hermogene? Zar se tebi čini da je lako da čovek tako brzo sazna sam ili da nauči nekog drugog o bilo kojoj stvari, a kamoli o ovakvom problemu koji izgleda da spada u najveće?

Hermogen: Ama ne, Zevsa mi! Ali mi se čini da je Hesiod dobro rekao kako je korisno skupljati i zrno po zrno. Ako si, dakle, kadar makar kakvo zrnce da doprineseš, nemoj da sustaneš, nego učini tu uslugu Sokratu, a dužan si i meni.

Sokrat: Što se mene tiče, Kratile, ni ja se sam ne bih zakleo u ono što sam rekao, već sam samo razmatrao sa Hermogenom onako kako mi se činilo i zato ti hrabro kazuj ako imaš štogod bolje, a ja ću to prihvatiti. Ja se ne bih začudio ako zaista imaš nešto bolje o tome da kažeš, jer mi se čini da si sam proučio ovakve probleme, a da si i od drugih učio. Ako, dakle, rekneš štogod bolje, upiši i mene za svog učenika u pitanjima adekvatnosti jezika.

Kratil: Kao što kažeš, Sokrate, ja sam se zaista bavio tim stvarima i možda ću te primiti za učenika. Ipak se bojim da ne ispadne sasvim suprotno, jer mi nekako dolazi da kažem tebi ono što Ahilej u *Molbama* (deveto pevanje *Ilijade*) govori Ajantu. On kaže naime: »Ajante, Telamonov sine božanski narodni vođo, / Sve si to gotovo iz moje rekao duše.« Tako mi se čini, Sokrate, da mi je po volji to što proričeš, bez obzira na to da li te je nadahnuo Eutifron ili je to neka druga muza koja bez tvog znanja u tebi odavno boravi.

Sokrat: Dragi moj Kratile, i sam se već poduže čudim sopstvenoj mudrosti i ne verujem u to. Čini mi se stoga da treba da se preispita šta ja to govorim. Jer najneprijatnije je kad čovek sam sebe obmanjuje; kad onaj, naime, koji hoće da vas obmane ne odstupa ni za pedalj, nego vam je uvek za petama, zar to nije strašno? Stoga se, kako izgleda, često treba vraćati na ono što je već rečeno i pokušavati, prema rečima onog pesnika, da se gleda »istovremeno napred i nazad«. A pogotovo sada mi treba da vidimo šta smo to već rekli. Rekli smo da se adekvatnost reči sastoji u tome što pokazuje prirodu stvari; tvrdimo li da je ova definicija osnovana?

Kratil: Apsolutno, Sokrate, kako se bar meni čini.
Sokrat: Reči se, onda, kazuju da bi se njima poučavalo?
Kratil: Naravno.
Sokrat: Da li da tvrdimo da je to veština za koju su potrebni stručnjaci?
Kratil: Naravno.
Sokrat: Koji?
Kratil: Oni koje si ti na početku spomenuo: zakonodavci.
Sokrat: Da li ćemo, dakle, tvrditi da i ta veština postoji u društvu isto tako kao ostale veštine ili nećemo? Hoću, naime, ovo da kažem. Slikari su jedni bolji, jedni gori?
Kratil: Naravno.
Sokrat: Zar ne da su dela, slike, koja izrađuju bolji slikari — bolja, a onih drugih — lošija? A i graditelji isto tako: jedni prave bolje zgrade, drugi lošije?
Kratil: Da.
Sokrat: Zar onda i zakonodavci ne izrađuju jedni bolje svoja dela, a drugi lošije?
Kratil: E, tako ja već ne mislim.
Sokrat: Zar ti ne misliš da su zakoni jedni bolji, a drugi gori?
Kratil: Nipošto.

ODNOS IZMEĐU ISTINE I JEZIKA

Sokrat: Onda ti, izgleda, ne misliš ni da su nazivi jedni više, a drugi manje adekvatni.
Kratil: Nipošto.
Sokrat: Prema tome, svi nazivi su adekvatni?
Kratil: Bar oni koji to stvarno jesu.
Sokrat: Dakle, kao što je već spomenuto, da li da kažemo da ovome Hermogenu to nije ime ako on nema ničega karakterističnog za Hermov soj,

ili da kažemo da on nosi to ime, ali da je ono neadekvatno?

Kratil: Čini mi se, Sokrate, da on ne nosi to ime, nego da izgleda da ga nosi, a da ono pripada drugome, onome čija je to i priroda.

Sokrat: Da li je to onda lažno ako neko kaže da je on Hermogen? Jer, najzad, nije više moguće reći da je on Hermogen ako on to nije?

Kratil: Kako to kažeš?

Sokrat: Zar nije poenta tvojih reči da je sasvim nemoguće govoriti lažno? Jer, dragi moj Kratile, mnogi su tako tvrdili, i nekad i sad.

Kratil: Ali kako, Sokrate, ako se kaže ono što se kaže, zar se ne kaže ono što jeste? Ili — zar se govoriti lažno ne sastoji u tome da se kaže ono što ne postoji?

Sokrat: Za mene i za moje godine, druže, taj je razgovor odviše suptilan. Ipak mi reci još ovo: da li se tebi čini da se, s jedne strane, ne može govoriti ono što je lažno, ali se to može tvrditi?

Kratil: Ne čini mi se ni da se može tvrditi.

Sokrat: Niti je moguće izreći to, niti osloviti nekoga? Ako tebe, na primer, neko sretne na putovanju i, uzevši te za ruku, rekne: »Zdravo, stranče iz Atine, Zmikrionov sine Hermogene!« — da li bi on to rekao, ili bi tvrdio, ili bi iskazao, ili bi tako oslovio ne tebe, nego ovoga Hermogena? Ili nikoga?

Kratil: Čini mi se, Sokrate, da bi on naprazno izgovorio te zvuke.

(427d—429e)

NAZIV KAO *PRIKAZ* PREDMETA

Sokrat: E, pa, Kratile, da vidimo, možemo li to kako raspraviti. Zar ti ne smatraš da je jezički naziv jedno, a ono na šta se taj naziv odnosi — nešto sasvim drugo?

Kratil: Smatram.
Sokrat: Prema tome se slažeš i da je naziv *prikaz* nekog predmeta?
Kratil: Bez pogovora.
Sokrat: Da li, onda, kažeš da su i crteži i živopisi na neki drugi način takođe *prikazi* izvesnih predmeta?
Kratil: Da.
Sokrat: Gledaj sada (jer ja možda samo ne shvatam ono što kažeš, a ti si, možda, ipak u pravu), da li je moguće da se razdele i pripišu predmetima koje prikazuju obe te vrste prikaza, tj. živopisi i jezički nazivi o kojima je reč. Ili nije moguće?
Kratil: Jeste.
Sokrat: A sad prvo razmotri ovo. Da li je izvodljivo da neko muški portret nameni muškarcu, a ženski ženi, i tako dalje?
Kratil: Sasvim.
Sokrat: A da li to važi i za suprotan slučaj — da se muški portret odnosi na ženu, a ženski — na muškarca.
Kratil: I to je moguće.
Sokrat: Da li je takva podela u oba slučaja ispravna, ili samo u jednom?
Kratil: Samo u jednom.
Sokrat: Ona, valjda, kojom se svakom određuje ono što mu odgovara i što mu je slično.
Kratil: Tako mi izgleda.
Sokrat: Kako bismo ja i ti, kao prijatelji, izbegli sukob i raspravu, molim te da prihvatiš ovo što kažem. Onu, naime, prvu podelu, druže, ja smatram adekvatnom u slučaju obe vrste prikaza, i kod živopisa i kod naziva, a kod reči ne samo adekvatnom, već i istinitom, a onu drugu, kojom se nečemu dodeljuje i pripisuje ono što mu nije slično — neadekvatnom, a uz to lažnom kad su u pitanju jezički nazivi.
Kratil: Međutim, Sokrate, pazi, ako to — da se neadekvatno nešto pripiše — može kod živopisa,

kod naziva ne može, već je tu uvek i nužno adekvatno.

Sokrat: Kako to misliš? U čemu je razlika među njima? Zar nije moguće prići nekom muškarcu s rečima: »Evo tvoje slike«, a pri tom mu pokazati bilo njegovu sliku, bilo sliku neke žene? Pod ovom reči *pokazati* podrazumevam doslovno — da mu se predmet donese u njegovo vidno polje.

Kratil: Moguće je.

Sokrat: A šta onda? Zar se ne može prići istoj toj osobi s rečima: »Evo tvog imena«? Jer je, nesumnjivo i ime *prikaz* kao što je to crtež. Dakle, reč je o ovome: zar ne bi bilo moguće da se kaže: »Evo tvog imena«, a da se posle toga njegovom čulu sluha pruži bilo njegov *prikaz,* tj. izraz *muškarac,* bilo *prikaz* ženskog dela ljudskog roda, tj. izraz *žena?* Zar ti se ne čini ne samo da je to moguće već i da se ponekad događa?

Kratil: Pa, nek' ti bude, Sokrate, slažem se.

Sokrat: To ti je dobro, prijatelju, ako stvari doista tako stoje. A uopšte ne treba da se sada tvrdoglavo sporimo oko toga. Ako, dakle, postoji takva nekakva podela i u ovome, u jednom slučaju bismo to rado izrazili ovako: *reći istinu,* a u drugom slučaju *prevariti se.* Ako stvari tako stoje, i ako je moguće da se reči neadekvatno rasporede, i da se predmetu ne pripiše onaj naziv koji mu pripada, već ponekad i onaj koji mu ne pripada, onda će tako isto biti i s celim izrazima. A ako je moguće da se tako upotrebe kako pojedinačni nazivi, tako i izrazi, onda to nužno važi i za govor u celini, jer on, po mome mišljenju, i jeste spoj svega ovoga.

(430a—431c)

SLIKA NIJE IDENTIČNA S PREDMETOM KOJI PRIKAZUJE

Sokrat: ... Gledaj, onda, da li pravo kažem. Zar ne bi imao dva predmeta — Kratila i Kratilovu sliku — u slučaju da neko božanstvo ne prikaže samo tvoju boju i oblik, kao što čine slikari, nego ako i sve iznutra načini kao što je u tebi, reprodukujući istu mekoću i temperaturu, zatim dodajući pokretljivost, dušu i razum isti kao što je tvoj i, jednom rečju, sve ono što ti imaš ako stavi pored tebe u vidu kopije — da li bi to onda bilo Kratil i Kratilova slika ili bi to bila dva Kratila?

Kratil: Čini mi se, Sokrate, da bi to bila dva Kratila.

Sokrat: Dakle, vidiš, prijatelju, da za sliku treba tražiti drukčiju adekvatnost... Ili ti ne osećaš koliko slikama nedostaje da bi imale isto ono što i stvari koje su tim slikama prikazane?

Kratil: Osećam.

Sokrat: U svakom slučaju bi bio smešan, Kratile, tretman kojem bi od strane reči bile izložene one stvari koje su tim rečima označene ako bi u svemu sve njima bilo slično. Jer sve bi nekako postalo dvostruko i ne bi mogao više nijedno da razlikuješ i da kažeš koje je od njih sam predmet a koje njegov naziv.

Kratil: Imaš pravo.

(432b—432d)

ZNAČENJE REČI ZAVISI I OD UPOTREBE, NAVIKE I DOGOVORA LJUDI

Sokrat: Odvažno sada, dragi moj, priznaj da reč može biti dobro sastavljena, s jedne strane, a da, s druge strane, isto tako može biti i loše sastavljena. Pored toga, nemoj insistirati da ona mora imati sva slova, da bi bila tačno onakva kao što je stvar koju ta reč označava, već dopusti da se doda i nepodesno slovo. A ako to dopustiš za slovo, onda dopusti i za reč u rečenici, a ako za reč, onda dopusti da se u govoru doda i rečenica nepodesna stvarima. A isto tako priznaj da se stvarima daje naziv i da se o njima govori dokle god to sadrži osnovne karakteristike predmeta o kome je reč, kao što je slučaj kod imena slova, ako se sećaš šta smo maločas Hermogen i ja govorili.

Kratil: Dabome da se sećam.

Sokrat: Dobro onda. Jer dokle god su te karakteristike sačuvane, čak ako i nije baš sve podesno, iskaz će se još uvek odnositi na taj predmet, dobro — ako su sačuvane sve pojedinosti, loše — ako su one malobrojne. Dakle, dragi moj, priznajmo da se taj iskaz odnosi na predmet da ne bismo morali platiti globu kao Eginjani koji noću kasno švrljaju po ulici, da i mi takođe ne bismo izgledali kako smo do predmeta uistinu stigli mnogo kasnije nego što priliči. Ili ti traži neku drugu adekvatnost reči i nemoj prihvatati da je reč predstava predmeta pomoću slogova i slova. Jer ako budeš rekao i jedno i drugo, nećeš biti kadar da budeš u saglasnosti sa samim sobom.

Kratil: Čini mi se, Sokrate, da razborito govoriš i tako prihvatam.

Sokrat: Budući da se onda u tome slažemo, ispitajmo, kao sledeće, ovakav problem: ako naziv, rekli smo, hoće da bude dobro načinjen, on treba da ima podesna slova?

Kratil. Da.

Sokrat: A podesna su ona slova koja su slična predmetima?

Kratil: Dabome.

Sokrat: Tako su, dakle, načinjene one reči koje su dobro načinjene. A ako neka reč nije dobro sastavljena, najvećim delom bi se verovatno sastojala od podesnih slova, sličnih predmetu, ako ta reč treba da bude njegova slika, ali bi imala i poneko nepodesno, zbog koga ta reč ne bi bila lepa i dobro sagrađena. Da li to tvrdimo ili nešto drugo?

Kratil: Mislim, Sokrate, da bi se bitka bez potrebe produžavala, kad se meni ne sviđa tvrdnja da postoji reč koja nije dobro načinjena.

Sokrat: A da li ti se ne sviđa ni tvrdnja da je reč predstava predmeta?

Kratil: To da.

Sokrat: A da li ti se čini da se s pravom kaže da su neke reči složene od starijih reči, dok su neke opet primarne?

Kratil: Čini mi se.

Sokrat: Ali ako te primarne reči treba da budu predstava nečega, da li znaš neki bolji put da se one načine predstavom nego što je put da se načine što sličnijima onome što treba da predstavljaju? Ili ti se, pak, više sviđa objašnjenje koje spominje Hermogen, a i mnogi drugi, da su reči dogovorno određene i da predstavljaju predmete samo onima koji učestvuju u dogovoru i koji predmete poznaju unapred. Da je to, dakle, adekvatnost reči, taj dogovor, i da uopšte nema razlike ako neko načini reč onako kako ona dosad postoji, ili, naprotiv, ono što mi sada zovemo *malo* ako nazove *veliko*, a ono opet što zovemo *veliko*, ako nazove *malo*? Koja ti se varijanta više sviđa?

Kratil: Sokrate, bolje je da onaj koji nešto hoće da predstavi, to predstavi na osnovu sličnosti, a ne na osnovu bilo čega što je nadohvat ruke.

Sokrat: Pravo kažeš. Dakle, ako reč odista treba da bude slična predmetu, da li je nužno da po prirodi budu predmetima slični oni elementi pomoću kojih će neko načiniti primarne reči? Hoću ovo da kažem: da li bi uopšte bilo moguće da se ono što smo maločas nazvali slikarskim delom načini sličnim biću, kad ne bi od prirode postojale bojene materije, pomoću kojih se izrađuju slike, slične onome što se predstavlja slikarskom veštinom? Ili bi to bilo nemoguće?

Kratil: Bilo bi.

Sokrat: Da li bi isto tako i reči ikada mogle postati slične nečemu kad najpre oni elementi pomoću kojih se grade reči ne bi posedovali izvesnu sličnost s onim predmetima koje reči prikazuju? Ili su to elementi pomoću kojih se grade reči?

Kratil: Da.

Sokrat: Pridruži mi se onda i tu u razmatranju u kome je već učestvovao Hermogen. Gledaj: da li ti se čini da pravo kažemo da je *r* slično *kretanju* i *tvrdoći* ili ti se to pak ne čini?

Kratil: Čini mi se.

Sokrat: A *l* da je slično onome što je *slabašno* i *labavo* i ostalom o čemu smo maločas govorili?

Kratil: Da.

Sokrat: Znaš li, da za istu stvar mi kažemo *sklerotēs*, a Eretrijci opet *sklerotēr*, (tvrdoća)?

Kratil: Znam.

Sokrat: Da li onda *r* i *s*, i jedno i drugo, liče na istu stvar i da li njima reč koja se završava na *r* saopštava isto što i nama reč sa *s*, ili u jednom od ta dva slučaja ne saopštava?

Kratil: Saopštava isto i njima i nama.

Sokrat: Da li zato što su *r* i *s* ili zato što nisu?

Kratil: Zato što su slični.

Sokrat: Da li su oni onda slični u svemu?

Kratil: Jesu, verovatno, ukoliko se odnose na kretanje.

Sokrat: Da li je takvo i *l* koje se nalazi u toj reči? Zar ono ne saopštava ono što je suprotno od tvrdoće?

Kratil: A možda ono nije dobro tu smešteno, Sokrate. Kao što si maločas u razgovoru sa Hermogenom izdvajao i umetao slova tamo gde treba, a činilo mi se da si pravilno postupao, možda i ovde tako umesto *l* treba da se kaže *r*.

Sokrat: Pravo kažeš. Šta onda? Da li se ovako kako sad govorimo uopšte ne sporazumevamo među-

sobno ako neko kaže tu reč sa *l*, niti ti znaš u ovom trenutku o čemu govorim?
Kratil: Ja to znam iz navike, prijatelju.
Sokrat: Kad kažeš *navika*, da li misliš da kažeš nešto drugo nego *dogovor*? I da li *navikom* označavaš nešto drugo nego ono što ja, kada izgovorim tu reč, podrazumevam, a ti opet prepoznaješ šta to podrazumevam? Da li to kažeš?
Kratil: Da.
Sokrat: Ako, dakle, prepoznaješ zvuke koje ja izgovaram, znači da s moje strane primaš saopštenje?
Kratil: Da.
Sokrat: Da li na osnovu onoga što je neslično onome što podrazumevam kad to izgovaram ako je *l* neslično toj reči za *tvrdoću (sklerotēs)* kao što kažeš. A ako stvar tako stoji, šta je drugo posredi nego da si se ti sam sa sobom dogovorio i da adekvatnost reči i za tebe postaje princip dogovora, budući da se saopštenje dobija podjednako pomoću sličnih i nesličnih slova usvojenih jednom po navici i dogovoru? Ali, ako navika uopšte nije dogovor, zar neće biti dobro da kažemo da se saopštenje ne sadrži u sličnosti nego u navici; jer, kako izgleda, ona vrši saopštenje i pomoću sličnog i pomoću nesličnog. Budući da se u ovome slažemo, jer, Kratile, tvoje ćutanje tumačim kao odobravanje, nužno je da se nekako i dogovor i navika tumači kao sastavni deo u saopštavanju onoga što podrazumevamo dok govorimo. Jer, prijatelju, ako hoćeš da se zaustavimo kod brojeva, kako misliš da se za svaki broj pojedinačno odredi reč koja bi mu bila slična ako ne dopuštaš da je značajan uticaj koji tvoja saglasnost i dogovor imaju na adekvatnost reči? Meni se, dabome, i samome sviđa da reči budu slične predmetima u što većoj meri, iako se bojim da, kako reče Hermogen, u stvari, baš to uspostavljanje sličnosti ne bude mučno i da ne bude nužno da kod utvrđivanja adekvat-

nosti reči pribegnemo i tome krajnjem metodu
— dogovoru. Tako bi verovatno reči bile obrazovane na najbolji mogući način kada bi sadržale sve, ili, pak, većinu elemenata sličnih predmetu — to jest podesnih elemenata, a na najgori mogući način u obrnutom slučaju.

(432e—435d)

STVARI TREBA SAZNAVATI DIREKTNO, A NE NA OSNOVU IMENA

Sokrat: ... Maločas si, naime, u razgovoru rekao, ako se sećaš, da onaj koji daje nazive treba nužno da je upoznat sa stvarima kojima daje nazive. Da li ti se još čini da je tako ili ne?

Kratil: Još mi se čini.

Sokrat: A da li kažeš da je bio s tim upoznat i onaj koji je davao primarne nazive?

Kratil: Bio je upoznat.

Sokrat: Pomoću kojih naziva je on onda saznao ili otkrio stvari ako tih primarnih naziva još nije ni bilo, a, s druge strane, mi opet tvrdimo da je nemoguće da stvari saznamo i pronađemo drukčije nego ako saznamo nazive ili ako sami pronađemo karakter tih naziva.

Kratil: Čini mi se da je tako, Sokrate, kako kažeš.

Sokrat: Kako onda da kažemo da su oni upoznati sa davanjem naziva ili da su zakonodavci, pre nego što postoji bilo kakva reč koju bi oni znali, ako se stvari odista ne mogu saznati drukčije nego na osnovu reči?

Kratil: Ja, Sokrate, mislim da je najistinitije objašnjenje toga problema ovakvo: neka sila veća od ljudske stvarima je odredila primarne nazive, što ima za posledicu da su oni nužno adekvatni.

Sokrat: I tako, dakle, ti misliš da je protivrečio sebi samom onaj koji je davao nazive, bilo da je on neki demon ili bog? Ili se tebi ne čini da je važno ono što smo maločas govorili?

Kratil: A možda jedna od tih grupa i nisu nazivi?

Sokrat: Koja to, dragoviću moj? Da li ona koja se odnosi na mirovanje ili ona koja se odnosi na kretanje? Jer nećemo, maločas rekosmo, to presuditi po broju primera.

Kratil: To, Sokrate, ne bi bilo pravo.

Sokrat: Dok su, dakle, imena zaraćena i dok jedna tvrde da su ona slična istini, a druga to isto opet tvrde za sebe, pomoću čega mi onda da rasuđujemo i čemu da se obratimo; ne nekim nazivima drukčijim od ovih: jer njih nema, nego je jasno da valja izvan naziva tražiti ono što će nam bez naziva predočiti koja je od te dve grupe prava, pokazavši jasno šta je istina bića.

Kratil: Čini mi se tako.

Sokrat: Prema tome je, Kratile, kako izgleda, moguće saznati biće bez pomoći naziva, ako stvari tako stoje.

Kratil: Izgleda.

Sokrat: Pomoću čega još očekuješ da se to sazna? Zar ne pomoću onog što je najprirodnije i najopravdanije, tj. da se jedne stvari saznaju pomoću drugih stvari, ako među njima postoji nekakva srodnost ili da se stvari saznaju pomoću njih samih? Jer ono što je drukčije od njih i što im je strano označiće nešto drukčije i strano, ali ne stvari o kojima je reč.

Kratil: Čini mi se da pravo kažeš.

Sokrat: Ali čekaj, Zevsa ti: zar se ne složismo u nekoliko mahova da su nazivi, ako su dobro dati, slični onome što kao nazivi označavaju i da su slike stvari.

Kratil: Da.

Sokrat: Ako se, dakle, stvari mogu saznavati, koliko god je to moguće, pomoću naziva, a i pomoću njih samih, koje će saznanje biti lepše i pouzdanije? Da li treba saznavati na osnovu slike kao takve, ako je ona dobro načinjena a istovremeno saznavati i suštinu onoga čija je to slika, ili, pak, na osnovu suštine, kao takve, a u isti mah videti da li je ta njena slika dobro urađena?

Kratil: Meni se čini da je nužno poći od suštine.

Sokrat: Na koji onda način treba da saznajemo ili pronalazimo biće — to je možda suviše krupno da bismo i ti i ja znali; treba da smo zadovoljni složivši se u tome da ne treba da se pođe od naziva, nego da biće mnogo pre treba da se saznaje i da se istražuje na osnovu sebe sama a ne na osnovu reči.

Kratil: Očigledno, Sokrate.

(438a—439b)

CEO PROBLEM JE POTREBNO TEMELJNO ISPITATI IZ POČETKA

Sokrat: ... Možda je sve to tako, Kratile, a možda i nije. Treba to, dakle, hrabro i temeljno ispitivati i ne prihvatati ništa olako — jer ti si mlad i imaš još vremena — a kad razmisliš, ako što otkriješ, saopšti i meni.

Kratil: I učiniću tako. Znaj, ipak, Sokrate, da čak ni trenutno ja to ne zapostavljam nego mi se u mom razmišljanju čini da stvari mnogo pre stoje onako kako Heraklit kaže.

Sokrat: Drugi put ćeš me onda, druže, poučiti, kada se s puta vratiš. A sad, kao što si se spremio, kreni u selo; a Hermogen će te otpratiti.

Kratil: Nek bude tako, Sokrate; ali probaj i ti da o tome još razmišljaš.

(440d—440e)

TEAJTET

EUKLEJD
TERPSION
※

LICA: SOKRAT
TEODOR
TEAJTET

ODNOS REČI, PREDMETA I OPAŽAJA

(Pobija se Pitagorina definicija da je čovek mera svih stvari. Ispituje se šta se u nekom polisu smatra kao doista korisno, a šta samo nominalno.)

Sokrat: Neka se tu uopšte ne podrazumeva naziv nečega, nego neka se ispituje sam predmet kome je dat taj naziv.

(Pobija se teza da opažaj predstavlja saznanje.)

Sokrat: Ako bi te, dakle, neko pitao: »Čime čovek vidi belo i crno, a čime čuje visoke i duboke tonove?« pretpostavljam da bi rekao: »Očima i ušima.«

Teajtet: Pa svakako.

Sokrat: Nemarna upotreba reči i izraza i nedostatak preciznosti u ispitivanju, uopšte se ne smatra prostim, nego će pre u postupku tome suprotnom biti nečega ropskog. Ipak je to, kadikad, neophodno. Na primer, upravo je sada nužno da ponovo razmotrimo tvoj odgovor ne bismo li videli u čemu je bio netačan. Razmisli onda: koji je ispravniji odgovor: da su oči ono čime gledamo ili pomoću čega gledamo i da su uši ono čime čujemo ili pomoću čega čujemo?

Teajtet: Čini mi se, Sokrate, da će ispravnije biti »pomoću čega« opažamo razne stvari nego »kojima«.

(184bc)

Sokrat: Prema tome, saznanje se ne nalazi u utiscima već u razmišljanju o njima. Čini se da je tu moguće doći u dodir s bićem i s istinom, a da tamo nije moguće.
Teajtet: Očigledno.
Sokrat: Da li onda upotrebljavaš isti naziv i za ono i za ovo, iako je među njima tolika različnost?
Teajtet: Pa to, svakako, ne bi bilo pravo.
Sokrat: Kakvo onda ime daješ ovome: gledati, slušati, mirisati, hladiti se, zagrevati.
Teajtet: Opažaji, svakako. Šta bi moglo drugo?
Sokrat: Sve ih, dakle, zajedno nazivaš »opažajima«?
Teajtet: Tako je nužno.
Sokrat: A rekli smo da tome nije svojstveno da dospe do istine, jer uopšte ne doseže do bića.
Teajtet: Svakako da ne.
Sokrat: Ali ne dospeva ni do saznanja.
Teajtet: Ne, zaista.
Sokrat: Prema tome, Teajtete, nikada ne bi opažaj mogao biti identičan sa saznanjem.

(186de)

Sokrat: Upravo sam to pitao: kako treba upotrebiti nazive kada se radi o matematičaru, koji se sprema da nešto izračuna, ili o pismenom čoveku, koji se sprema da nešto pročita? Da li se on kao znalac u takvom slučaju sprema da ponovo nauči od samoga sebe ono što već zna?
Teajtet: Ali, Sokrate, to je apsurdno!
Sokrat: Hoćemo li onda tvrditi da će on pročitati ili izračunati ono što ne zna, a prethodno smo se već saglasili da su mu poznata sva slova i svi brojevi?
Teaitet: Ali i to je nerazumno.
Sokrat: Hoćeš li, stoga, da kažemo kako nas uopšte nije briga za upotrebu jezika kudgod da se nekome svidi da smesti značenje reči *znanje* i *učenje*.

(198e—199a)

SOKRATOV SAN
O SAZNATLJIVOM I NESAZNATLJIVOM

Teajtet: A ja sam, Sokrate, čuo nekoga da o tome[1] govori, ali sam zaboravio. Sad se, međutim, sećam; rekao je, naime, da istinito mišljenje praćeno jezičkim objašnjenjem jeste ono što čini pravo saznanje, a da ono bez objašnjenja rečima ne pripada domenu znanja. Tako ono o čemu se ne može dati objašnjenje i nije saznatljivo (upravo je to tako nazvao), a ono o čemu može — saznatljivo.

Sokrat: To zaista dobro kažeš. Ali, reci, kako je on zapravo načinio razliku između onoga što je saznatljivo i onoga što nije, ako je isto to što smo ti i ja nekada čuli.

Teajtet: Pa ne znam da li ću to moći da ponovim; ako bi, međutim, neko drugi to izložio, verujem da bih ga mogao slediti.

Sokrat: Slušaj onda san u zamenu za san. Čini mi se da sam i ja čuo kako neki govore da upravo za te primarne čestice, od kojih smo sačinjeni i mi i sve ostalo, nema objašnjenja. Naime, svako od njih samo po sebi moguće je jedino označiti imenom, ali nije moguće bilo šta drugo o tome saopštiti, niti da jeste niti da nije, jer bi mu se onda već pripisalo postojanje ili nepostojanje, dok njemu ništa ne treba da se doda ukoliko želimo da to samo iskažemo. Čak ne treba da se tome pridoda ni *samo* ni *ono* ni *svako* ni *jedino* ni *ovo*, niti bilo koja slična oznaka kojih ima sijaset i koje se prelazeći tamo-amo pripisuju svemu. One, ipak, ostaju različite od svega onoga na šta se primenjuju. Međutim, ukoliko je moguće da se to elementarno iskaže i ukoliko za to postoji jezičko objašnjenje koje mu je svojstveno, treba da se ono iskaže bez pomoći bilo čega drugog. Ali, nemoguće je da se ijedan

---

[1] O razlici između istinitog mišljenja i saznanja.

primarni sastojak formuliše jezički, već samo da se odredi pomoću imena, jer jedino što ima jeste ime. Stvari složene od tih sastojaka već i same su neki splet, a tako od spleta imena nastaje i jezičko objašnjenje. Bit takvog objašnjenja, naime, leži u kombinaciji imena. Prema tome, elementarni sastojci su neizrecivi i nesaznatljivi, ali dostupni čulima. Ali su *slogovi elemenata* saznatljivi i izrecivi i dostupni proceni istinitog mišljenja. Kada, dakle, čovek stekne o nečemu istinito mišljenje bez jezičkog objašnjenja, njegova svest je o tome istinita, iako bez znanja o tome. Onaj, naime, koji nije kadar ni da pruži niti da primi objašnjenje o nečemu, on to i ne zna. Ali kada dođe do objašnjenja, on je već ovladao svim što je spomenuto i dospeo je potpuno do znanja o nečemu. Da li tako glasi san koji si čuo ili nekako drukčije?

Teajtet: Pa sasvim tako, zapravo.

Sokrat: Tebi se, prema tome, sviđa ovakva definicija: istinita predstava praćena jezičkim objašnjenjem čini znanje?

Teajtet: Naravno, naravno.

(201c—202c)

ODNOS FONEMA I SLOGA

Sokrat: ... Ali ipak ima nečega u tome što smo rekli što se meni ne sviđa.

Teajtet: A šta to?

Sokrat: Upravo ono što se čini da je u tom učenju najjasnije, to jest da su elementarne čestice nesaznatljive, ali da je njihov spoj kao rod saznatljiv.

Teajtet: Zar to nije tako?

Sokrat: To, u stvari, još treba da se sazna. Naime, kao zalogu tih reči imamo primere kojima se poslužio onaj koji je sve to i rekao.

Teajtet: Koje to primere?
Sokrat: Elemente alfabeta i slogove. Ili misliš da je nešto drugo imao u vidu onaj koji je rekao to što upravo izlažemo?
Teajtet: Ne, nego baš to.
Sokrat: Proverimo, onda, preispitujući od početka sve to, ili još bolje nas same: da li smo tako naučili slova ili nismo. Najpre, ovo: da li za slogove postoji objašnjenje, dok su slova, elementi od kojih su oni složeni, neobjašnjiva?
Teajtet: Moguće.
Sokrat: I meni se čini da stvar tako stoji. Ako bi te, sada, ko upitao o prvom slogu imena *Sokrat* na sledeći način: »Reci, de, Teajtete, šta je to SO?«, šta bi ti odgovorio?
Teajtet: Da je to S i O.
Sokrat: U tome se, dakle, sastoji tvoje objašnjenje sloga?
Teajtet: Sasvim tako.
Sokrat: Hajde dalje; reci mi isto tako objašnjenje i za S.
Teajtet: Ali kako da se za elemenat navedu clementi? Zapravo, S spada u suglasnike, to je samo šum kao kad se šišti; B, s druge strane, nije ni zvuk ni šum, i tako je s većinom pojedinačnih elemenata. Stoga je sasvim ispravno ako se kaže da su oni neobjašnjivi, jer i oni najjasniji među njima imaju jedino zvuk, ali ne i makar neko objašnjenje.
Sokrat: Tako smo, druže, dovde, uspešno razjasnili šta je to znanje.
Teajtet: Izgleda da jesmo.
Sokrat: Ali šta zapravo? Da pojedinačan elemenat nije saznatljiv, a slog jeste — da li smo to pokazali kako valja?
Teajtet: Po svoj prilici.
Sokrat: Vidi onda: da li kažemo da se slog sastoji od dva sastavna elementa, a ako ih je više od dva — od svih njih, ili pod tim podrazumevamo

izvesnu jedinstvenu celinu koja je nastala spajanjem svih tih elemenata?

Teajtet: Rekao bih da pod tim podrazumevamo sve elemente.

Sokrat: Pogledaj sad ovo dvoje, S i O. Zajedno čine prvi slog moga imena. Da li je tačno da onaj koji zna taj slog, zna ta dva fonema zajedno.

Teajtet: Šta bi drugo?

Sokrat: Prema tome, on zna S i O?

Teajtet: Da.

Sokrat: Ali kako? Uzeti pojedinačno, oni mu nisu poznati, ali, iako ih ne zna posebno, zna ih oba zajedno?

Teajtet: Ali, Sokrate, to je čudno i apsurdno!

Sokrat: Zaista, dakle, ako je nužno da čovek poznaje svaki predmet posebno ukoliko hoće da ih prepozna oba zajedno, takođe je neophodno da čovek, ako želi da uopšte prepozna neki slog, prethodno poznaje sve foneme. I tako nam se neosetno naša lepa teorija izmigoljila iz ruku.

Teajtet: Ali sasvim neočekivano.

Sokrat: Pa, nismo je dobro čuvali. Po svoj prilici trebalo je da kažemo kako slog nisu fonemi, već da je to izvesna celina, jedinstvena forma nastala pomoću njih, koja ima svoj sopstveni karakter koji nije identičan s fonemima.

Teajtet: Svakako, i sasvim je moguće da je to ispravnije rešenje od onoga maločas.

Sokrat: E, pa to treba razmotriti, a ne tako nemuževno izdati onu krupnu i važnu teoriju.

Teajtet: Svakako da ne treba.

Sokrat: Uzmimo, dakle, da stvari stoje ovako kao što kažemo: slog nastaje kao jedinstvena forma od svih onih elemenata koji se mogu kombinovati zajedno, i to je slučaj ne samo kod fonema i alfabeta, već i u svemu drugom.

Teajtet: Sasvim tako.

Sokrat: Prema tome, nije potrebno da slog ima delove?

Teajtet: Zašto sad to?

Sokrat: Zato što onda, kad se nešto sastoji od delova, nužno je da ta celina bude sveukupnost delova. Ili možda smatraš da je celina nastala od delova kao neka svojevrsna jedinica koja nije identična sa svim pojedinačnim sastavnim delovima?
Teajtet: Mislim da je tako.

(202d—204a)

Teajtet: Sada mi se čini da se suma i celina ni u čemu ne razlikuju.
Sokrat: Tako, zar nismo rekli da će u slučaju kada negde imamo delove, celina i suma biti sveukupnost delova?
Teajtet: Upravo tako.
Sokrat: Vratimo se sada na ono što smo maločas dotakli: ukoliko slog nisu fonemi koji ga čine, onda nužno ni ti fonemi nisu njegovi delovi, jer bi tako, u slučaju da je s njima identičan, slično njima i slog bio saznatljiv?
Teajtet: Tačno.
Sokrat: Nismo li onda, da se to ne bi desilo, pretpostavili da se slog razlikuje od fonema koji ga čine?
Teajtet: Jesmo.
Sokrat: I šta onda? Ako fonemi nisu delovi sloga, možeš li mi ti išta drugo navesti kao delove sloga, a da to ne budu njegovi fonemi?
Teajtet: Nikako. Ako bih se, naime, Sokrate, saglasio da je slog sačinjen od delova, bilo bi sasvim smešno kada bih, napustivši foneme, počeo da tragam za drugim elementima.
Sokrat: Sasvim jasno, Teajtete; a iz dosadašnjeg našeg izlaganja proizlazi da je slog nekakav lik jedinstven i nedeljiv.
Teajtet: Tako izgleda.
Sokrat: A sad, prijatelju, da li se sećaš da smo samo nešto malo ranije prihvatili kao ispravan stav da se za primarne elemente, od kojih se sve

ostalo sastoji, ne može dati objašnjenje, jer su oni, uzeti svaki sam za sebe, bez delova, i da takvom jednom elementu nije ispravno da se pripišu niti da se iskaže rečima *biti* ili *ovo*, jer se time već saopštava nešto drugo i od njega drukčije, i da je, najzad, iz tog istog razloga on neobjašnjiv i nesaznatljiv?

Teajtet: Sećam se.

Sokrat: I da li onda ima još nekakav razlog osim ovoga, usled čega je primarni elemenat jednostavan i nedeljiv? Ja, bar, ne vidim nikakvog drugog razloga.

Teajtet: Pa, u stvari, izgleda da i nema.

Sokrat: Ne spada li, prema tome, i slog u isti red sa njim, budući da ni on nema delova i da je *jedan* jedinstven lik?

Teajtet: Apsolutno.

Sokrat: Ako je, dakle, slog više fonema i izvesna celina, čiji su oni delovi, slogovi na isti način moraju biti i saznatljivi i izrecivi kao i fonemi, kad se već pokazalo da je sveukupnost delova identična sa celinom.

Teajtet: Sasvim tačno.

Sokrat: A ako je, pak, slog jedan i nedeljiv, isto će važiti i za fonem da je neobjašnjiv i nesaznatljiv: uzrok je isti koji će ih učiniti takvim.

Teajtet: Ne bih imao šta drugo da kažem.

Sokrat: Prema tome, ne bismo se saglasili s nečijim tvrđenjem da je slog saznatljiv i izreciv, a da za fonem važi suprotno.

Teajtet: Ne bismo, zaista, ukoliko ostanemo dosledni.

(205a—e)

ODNOS MIŠLJENJA I JEZIKA

Sokrat: Dede, sad: šta treba da podrazumevamo pod tim *jezički izraz*? Rekao bih da se radi o jednom od ovo troje.

Teajtet: Na koje misliš?
Sokrat: Prvo bi bilo: svoju misao obelodaniti glasovnim sredstvima pomoću glagola i imenica, pri čemu se, kao u ogledalu ili na vodenoj površini, naše mišljenje izražava u struji koja se emituje iz usta. Ili se tebi ne čini da to znači *jezički izraz?*
Teajtet: Čini mi se. U svakom slučaju, za onoga koji tako postupa kažemo da *govori.*
Sokrat: I tako, svako je kadar da to čini, brže ili sporije, to jest da o svemu, ukoliko nije od rođenja gluv ili nem, pokaže svoje mišljenje. Na taj način oni koji o nečemu imaju pravilno mišljenje, svi će oni to izraziti jezičkim sredstvima, a nikako neće doći do pravilne predstave mimo znanja.
Teajtet: Doista.
Sokrat: Nemojmo stoga olako suditi onome koji je dao ovu definiciju znanja, koju upravo razmatramo, da je govorio u vetar. Možda on, zapravo, i nije tako mislio, već je podrazumevao da se na svako pitanje o tome šta je neka stvar može odgovoriti pomoću njenih sastavnih elemenata.
Teajtet: Kako to misliš, Sokrate?
Sokrat: Pa, na primer, kao što Hesiod kaže za kola da »kola imaju stotinu delova od drveta«. Ali ja njih ne bih umeo da nabrojim a, kako verujem, ni ti. Bili bismo u stvari zadovoljni ako bismo na pitanje *šta su to kola* umeli da spomenemo: točkove, osovinu, lotre, sedište, jaram.
Teajtet: Sasvim tačno.
Sokrat: Ako bi nas, međutim, neko upitao za tvoje ime i mi mu odgovorimo navodeći slog po slog, možda bi nas ismejao da, doduše ispravno misleći i govoreći na taj način, zamišljamo da smo gramatičari i da posedujemo i saopštavamo gramatičko objašnjenje Teajtetova imena. Da, dalje, čoveku nije moguće da o nečemu govori s pravim saznanjem ukoliko to prethodno, imajući is-

tinitu predstavu, ne protumači elemenat po elemenat, kao što je već maločas spomenuto.
Teajtet: Da, to smo spomenuli.
Sokrat: Isto tako, nadalje, imamo pravilnu predstavu i o kolima. Ali onaj koji je u stanju da pravu prirodu kola izloži pomoću svih stotinu sastavnih delova, upravo usled toga, pridodajući objašnjenje pravilnoj predstavi, on je, umesto samo do ispravnog uverenja, došao do tehničkog znanja i postao je stručnjak u odnosu na prirodu kola, definišući celinu pomoću sastavnih delova.
Teajtet: Zar ti se, Sokrate, ne čini da je to u redu?
Sokrat: Da li se tebi, prijatelju, tako čini i da li prihvataš stav da opis svake stvari nabrajanjem elementarnih delova predstavlja objašnjenje te stvari, ali da u opisu pomoću slogova ili još većih spojeva uopšte nema objašnjenja, to ti meni reci, da bismo se latili tog ispitivanja.
Teajtet: Naravno da to u potpunosti prihvatam.
Sokrat: Da li držiš da je neko znalac u nečemu ako smatra da jedno isto pripada čas jednom, a čas drugom predmetu ili ako je u njegovoj predstavi jedan predmet sad ovo a sad ono?
Teajtet: Ne, Zevsa mi.
Sokrat: Zar se ne sećaš onda da ste tako postupali ti i tvoji drugovi kada ste počinjali da učite slova?
Teajtet: Hoćeš li da kažeš kako smo smatrali da jednom slogu čas pripada ovo, a čas ono slovo, i kako smo jedno isto slovo stavljali čas u odgovarajući, čas u neki drugi slog?
Sokrat: Upravo to.
Teajtet: Uopšte nisam, tako mi Zevsa, to zaboravio, i ne mislim da je neko stekao to znanje doklegod tako postupa.
Sokrat: Ali šta onda ako neko pišući *Teajtet (Theaitētos)* misli da treba da napiše TH i E pa tako i napiše, ali kad dođe do imena Teodor *(Theodōros)* misli da treba da napiše, i tako napiše,

T i *E*? Zar ćemo reći da on ume da napiše prvi slog oba ta imena?
Teajtet: Pa zar se upravo nismo složili da on to još nije savladao?
Sokrat: I nema razloga, dakle, da isto tako ne postupi i u slučaju drugog, i trećeg, i četvrtog sloga?
Teajtet: Pa, nema.
Sokrat: On će, dakle, ovladati svim elementima pored pravilnog mišljenja pišući *Theaitētos* onim redom kojim treba?
Teajtet: Jasno.
Sokrat: I to još bez pravog znanja, ali imajući tačnu predstavu, kako rekosmo.
Teajtet: Da.
Sokrat: Ali posedujući i objašnjenje uz tačnu predstavu: jer je, naime, to napisao držeći se redosleda slova, a upravo smo se složili da se objašnjenje i sastoji u posedovanju toga.
Teajtet: Tako je.
Sokrat: Da li onda, prijatelju, postoji tačno mišljenje koje još ne treba smatrati znanjem?
Teajtet: Bojim se da je tako.
Sokrat: Samo smo, izgleda, obogatili svoj san verujući da smo došli do najistinitijeg objašnjenja saznanja, ili ipak još ne treba da iznesemo optužbu? Možda se, naime, ne prihvati to shvatanje, nego poslednja od tri definicije, od kojih bar jednu, kako rekosmo, mora prihvatiti onaj koji saznanje definiše kao tačnu predstavu praćenu objašnjenjem.
Teajtet: Tog si se dobro setio; još je, naime, jedno preostalo. Prvi metod se odnosio na prikazivanje misli pomoću glasa, tako reći u vidu slike, drugi, upravo razmotren, na pristup celini preko elemenata; a šta podrazumevaš pod trećim?
Sokrat: Pa ono što bi većina ljudi rekla: biti kadar navesti nekakvo obeležje po kome se predmet koji je u pitanju razlikuje od svih ostalih.

(206c—208c)

(Objašnjenje je na taj način iskaz o razlikovanju. I tačna predstava o nečemu u stvari mora u sebi uključivati distinktivne karakteristike tog predmeta. Najzad, na pitanje „Šta je to saznanje", čovek bi odgovorio da je to tačna predstava udružena sa poznavanjem različnosti, jer bi dodavanje objašnjenja u stvari to značilo. Ali se i ovaj zaključak opovrgava kao „nedotupavan", jer Sokrat podvlači da saznanje nije ni opažaj, ni istinita predstava ni objašnjenje udruženo s istinitom predstavom. Tako je plod ovog babičkog zahvata bezvredan i ne zaslužuje da se dalje odgaja.)

SOFIST

	TEODOR
	SOKRAT
LICA:	STRANAC IZ ELEJE
	TEAJTET

TEAJTET I STRANAC IZ ELEJE TRAŽE DEFINICIJU SOFISTA

Stranac: ... A ti i ja sada treba zajedno da se prihvatimo ispitivanja, i to najpre, mislim, da pođemo od sofista, tražeći u čemu se sastoji njegova prava priroda i dajući preciznu jezičku definiciju. Jer, sve što ti i ja imamo zajedničko s obzirom na to jeste njegovo ime, a što se tiče značenja, na koje se odnosi taj naziv, možda i jedan i drugi od nas to sebi predstavlja na poseban način. Uvek, naime, i u svakom ispitivanju treba pomoću jezičkog opisa da se postigne saglasnost u pogledu samog predmeta, a ne jedino u pogledu imena bez ikakvog opisa.

(218bc)

(Da bi se utvrdila prava priroda sofista, on se posmatra kao lovac, trgovac, učesnik u eristici itd., ali nijedan od ovih aspekata nije zadovoljavajući, što naročito zbunjuje Teajteta. Stoga on insistira na iznalaženju definicije (231bc), čija bi istinitost bila opšta.)

Stranac: Zar ti ne primećuješ kada neko izgleda kao znalac i vešt mnogim stvarima, a mi ga zovemo po jednoj od tih veština, da slika o njemu onda nije sasvim ispravna? Stoga je očigledno da ako neko ima takav utisak, s obzirom na jednu određenu veštinu ne može jasno da sagleda ono njeno jezgro ka kome su usmerena sva ta umeća, pa tako i čoveka kome to sve pripada označava pomoću više termina umesto samo jednim.

(232a)

ŠTA ZNAČI IZRAZ *NEBIĆE*

Stranac: Reci mi: da li se mi usuđujemo da izgovorimo reči *ono što uopšte ne postoji?*

Teajtet: A zašto ne bismo?

Stranac: Ali ako bi neko od prisutnih, i to ne samo radi pukog prepiranja i igrarije već razmislivši sa svom ozbiljnošću, valjalo da odgovori na pitanje na šta treba da se odnosi naziv *ono što ne postoji*, šta mislimo, na šta bi i na kakav predmet on sam primenio taj izraz i na šta bi pri tom ukazao čoveku koji je postavio pitanje?

Teajtet: Teško je to što pitaš, a osobi kao što sam ja skoro je i nemoguće da odgovori.

Stranac: Ali bar je to očigledno da izraz *ono što ne postoji* ne treba upotrebiti ni za jednu postojeću stvar.

Teajtet: A kako bi?

Stranac: Prema tome, ako se ne može primeniti na *ono što postoji*, neće biti ispravno ni ako se primeni na *nešto*.

Teajtet: Kako to?

Stranac: Pa svakako nam je jasno da se i taj izraz *nešto* svaki put upotrebljava u odnosu na ono što postoji. Naime, nemoguće je upotrebiti tu reč samu, tako reći ogoljenu i odvojenu od svega što postoji, zar ne?

Teajtet: Nemoguće je.

Stranac: Posmatrajući, dakle, stvari na taj način, da li se slažeš da je nužno da onaj koji kaže *nešto*, bar pod tim podrazumeva *jedno?*

Teajtet: Da.

Stranac: Reći ćeš, tako, da je *nešto* oznaka za *jedno*, a *neki* za *mnogo.*[1]

Teajtet: Kako da ne?

Stranac: Čini se onda da je apsolutno neizbežno da onaj koji govori o onome što nije nešto, uopšte ništa i ne saopštava.

---

[1] Platon, usled specifičnosti grčkog jezika, ima i treći slučaj: posebnu leksičku oznaku dvojine za „2".

Teajtet: Po svaku cenu.
Stranac: Treba li onda da se ne saglasimo da taj čovek doduše govori, ali da ipak ništa ne kaže, već treba da tvrdimo da on i ne govori ukoliko se usuđuje da izgovara *ono što ne postoji?*
Teajtet: Takav bi iskaz bar dokrajčio ovu nedoumicu.

(237b—e)

ŠTA ZNAČI IZRAZ *BIĆE*

(Teajtet i Stranac ispituju šta oni (tj. Parmenidove pristalice) koji upotrebljavaju reč *biće* pod tim zapravo podrazumevaju i šta misle da ona znači.) (243e—244b)

Stranac: A šta onda? Zar ne treba od onih koji za *sve* kažu da je *jedno* da po mogućstvu saznamo šta bi oni rekli da je *biće?*
Teajtet: Kako da ne!
Stranac: Neka nam, dakle, ovo odgovore: „Tvrdite, nesumnjivo, da samo *jedno* postoji?" — „Tvrdimo", potvrdiće oni. Zar ne?
Teajtet: Da.
Stranac: »A onda? Nazivate li vi nešto *bićem?«*
Teajtet: Da.
Stranac: »Da li je to isto što nazivate *jedno,* upotrebljavajući dva imena za jednu istu stvar? Ili nije tako?"
Teajtet: Šta bi, stranče, posle ovoga oni trebalo da odgovore?
Stranac: Jasno je, Teajtete, da onome ko pođe od takve hipoteze uopšte nije lako da odgovori na to ni na bilo koje drugo pitanje.
Teajtet: Kako to?
Stranac: Pa, svakako je smešno da se saglasi kako postoje dva naziva onaj koji uzima da ništa drugo ne postoji osim *jedno.*
Teajtet: Kako da nije!

Stranac: I, uopšte, prihvatiti kad neko kaže da je naziv *nešto* — bilo bi sasvim besmisleno.
Teajtet: Po čemu?
Stranac: Po tome što onaj koji uzme da je naziv različit od predmeta, on, u stvari, govori o dvema stvarima.
Teajtet: Da.
Stranac: I, doista, ako da naziv koji bi bio identičan sa stvari, biće prisiljen ili da kaže da to nije naziv ničega ili, ukoliko bude tvrdio da je to ipak ime nečega, pokazaće se da je to ime samo ime imena i ničega više.
Teajtet: Tako je.

(244b—d)

> (Teajtet i Stranac razmatraju mogućnost uzajamnog *mešanja*, povezivanja i spajanja bića. Postoje tri varijante od kojih se samo treća pokazuje kao prihvatljiva: ili je sve sklono *mešanju*, ili je sve nesklono, ili je, najzad, nešto sklono a nešto nesklono.) (252e)

MEĐUSOBNO SLAGANJE *SLOVA*

Stranac: Kako je nešto sklono takvom spajanju, a drugo nije, skoro da je isti slučaj kao kod slova jer od njih su neka, zapravo, u međusobnom neskladu, a kod drugih, opet, postoji uzajamna harmonija.
Teajtet: Biće tako.
Stranac: I to kod samoglasnika pre svih drugih, jer oni kao kakva spojnica prožimaju sve, tako da je bez nekog samoglasnika čak nemoguće da se ostala slova povežu jedna s drugim.
Teajtet: Sasvim tako.
Stranac: Zna li, opet, svako s kojim je slovima moguće združiti koja slova, ili treba da poznaje neku veštinu onaj koji bi da to valjano postigne.
Teajtet: Treba da zna struku.

Stranac: Koju?
Teajtet: Gramatiku.
Stranac: A zatim? Zar nije isto i sa visokim i niskim tonovima?

(252e—253a)

GREŠKE U GOVORU I MIŠLJENJU

Stranac: A zapravo, dragi moj, nastojati da se sve izoluje od svega drugog, to ne samo što ne valja već je bez sumnje svojstveno čoveku koji je u svemu daleko od Muza i filosofije.
Teajtet: A po čemu to?
Stranac: Najpotpunije uništavanje svakog govora postiže se upravo razjedinjavanjem nečega od svega ostalog: jer naš govor zapravo i nastaje međusobnim preplitanjem oblika.
Teajtet: Tačno.
Stranac: Razmisli, onda, kako smo se mi u pravi čas suprotstavili zastupnicima takvog mišljenja iznudivši im pristanak da se sve uzajamno meša jedno s drugim.
Teajtet: U kom pogledu?
Stranac: U tom da je govor za nas jedna vrsta onoga što postoji. Jer kad bismo njega bili lišeni, bili bismo, što je najvažnije, lišeni filosofije: ali, uz to, treba odmah da zajedno ustanovimo pravu prirodu govora. Ako bi, naime, nama bila oduzeta mogućnost da u tom pogledu postignemo saglasnost ili ako govor uopšte ne bi postojao, mi više ne bismo bili kadri da išta saopštavamo. A to bi se dogodilo već onda kad bismo se složili da uopšte ne postoji nikakvo mešanje jedne stvari s drugom.
Teajtet: To je svakako u redu; ali ne shvatam zašto je potrebno da sada ustanovimo šta je govor.
Stranac: Možda ćeš to najlakše shvatiti ako me budeš u ovome pratio.

Teajtet: U čemu?
Stranac: Videli smo da je nebiće jedna od vrsta i da je rasprostrto na sve što postoji.
Teajtet: Tačno.
Stranac: Onda treba da ispitamo da li se ono meša sa mišljenjem i sa govorom.
Teajtet: A zašto?
Stranac: Ako se ono s ovima ne meša, onda je nužno sve istinito, ali ako se meša, nastaje lažno mišljenje i govor. Jer, misliti ili govoriti ono što nije: eto otkuda nastaje laž i u mišljenju i u govoru.
Teajtet: Tačno.
Stranac: Ako ima laži, to, dakle, uključuje i obmanu.
Teajtet: Da.
Stranac: A ako ima obmane, onda je, naravno, sve nužno puno slika, kopija i privida.
Teajtet: Kako da ne!

(259d—260c)

POLOŽAJ NEBIĆA S OBZIROM NA MIŠLJENJE I NA GOVOR. IMENICE, GLAGOLI I REČENICE

Stranac: Uzmimo, najpre, kao što upravo rekosmo, govor i mišljenje ne bismo li bolje razjasnili da li nebiće s njima dolazi u kontakt ili je u potpunosti i jedno i drugo istinito, tako da nijedno od njih nikad nije lažno.
Teajtet: U redu.
Stranac: Dede, da onako kao što smo govorili o oblicima i slovima, razmotrimo opet isto tako i reči. Izgleda, naime, da je tu negde rešenje problema koje tražimo.
Teajtet: Na šta treba zapravo da se obrati pažnja kod reči?

Stranac: Na to da li sve uzajamno odgovaraju jedna drugoj, ili nijedna, ili neke da a neke ne.
Teajtet: Pa jasno je: neke da, neke ne.
Stranac: Pod tim možda podrazumevaš da se međusobno slažu one reči koje izražavaju nešto kad se izgovore izvesnim redom, ali da se ne slažu one čiji spoj ništa ne znači.
Teajtet: Šta si tim hteo da kažeš?
Stranac: Isto ono što sam mislio da ti podrazumevaš složivši se sa mnom. Naime, imamo na raspolaganju dva načina da glasovnim sredstvima izrazimo biće.
Teajtet: Koja to?
Stranac: Jedno se zovu imenice drugo glagoli.
Teajtet: Reci mi o svakom posebno.
Stranac: Oznaku koja se odnosi na radnju zovemo, valjda, glagolom.
Teajtet: Da.
Stranac: A imenicom — glasovni znak koji se odnosi na onog koji vrši tu radnju.
Teajtet: Sasvim tako.
Stranac: Prema tome, govor nikad ne nastaje samo ako se imenice izgovore jedna za drugom, kao što ga ne čine ni glagoli izrečeni bez imenica.
Teajtet: To ja nisam shvatio.
Stranac: Očigledno si nešto drugo imao u vidu kad si se maločas saglasio sa mnom: jer ja sam upravo to hteo da kažem — da te reči izgovorene u nizu na taj način ne obrazuju govor.
Teajtet: Kako to?
Stranac: Na primer: *hoda trči spava* i svi drugi glagoli koji označavaju radnje, čak i ako se izgovore u nizu, jedan za drugim, još se time ne postiže da se od njih sastavi govorna celina.
Teajtet: A kako bi!
Stranac: A isto tako, opet, kad se kaže *lav jelen konj*, i koja god imenica koja se odnosi na vršioca radnje, ni iz toga niza reči uopšte neće nastati nikakva rečenica: jer to što je izgovoreno ne izražava ni u ovom ni u onom slučaju ni

radnju niti njeno odsustvo, ni suštinu bića niti nebića, sve dok glagole ne povežemo s imenicama. Tada se oni slože i taj osnovni spoj odmah postaje govorna celina, primarna i kraća, tako reći, od svih drugih.

(261c—262c)

ISKAZ KAO SPOJ SUBJEKTA I PREDIKATA; ISTINITOST ISKAZA

Teajtet: Kako samo to kažeš?
Stranac: Ako neko kaže „čovek uči", da li bi rekao da je to primaran i najkraći iskaz?
Teajtet: Rekao bih.
Stranac: Izražava, naime, nešto o onome što jeste ili što postaje, što je bilo ili što će biti, i to ne daje jednostavno nazive, već i postiže neki cilj, povezujući glagole s imenicom. Stoga smo rekli da on kazuje a ne samo da daje nazive, a takvu kombinaciju prozvali smo rečenicom.
Teajtet: Tačno.
Stranac: Prema tome, isto onako kao što su se neke stvari međusobno slagale a druge nisu, tako se i neki glasovni znakovi ne slažu međusobno, a od onih koji se slažu nastaje govor.
Teajtet: To je potpuno tačno.
Stranac: Još samo jedna malenkost.
Teajtet: Šta to?
Stranac: Govor, dok postoji, nužno je govor o nečemu određenom, ne postoji govor ni o čemu.
Teajtet: Tako je.
Stranac: Onda mora imati i neku određenu osobinu?
Teajtet: Nesumnjivo.
Stranac: Obratimo sada pažnju sami na sebe.
Teajtet: Zacelo treba i to.
Stranac: Sada ću ti reći jednu rečenicu povezujući predmet sa radnjom pomoću imenice i glagola; ti treba da mi kažeš o čemu je tu reč.

Teajtet: Učiniću što god mogu.
Stranac: »Teajtet sedi.« To, svakako, nije dugačak iskaz?
Teajtet: Ne, već je skromne dužine.
Stranac: Tvoj je sad zadatak da kažeš na koga se on odnosi i o kome govori.
Teajtet: Očigledno se odnosi na mene i o meni govori.
Stranac: A ovaj?
Teajtet: Koji?
Stranac: »Teajtet, s kojim sada razgovaram, leti.«
Teajtet: I za to svakako ne bi niko nešto drugo rekao već da se odnosi na mene i da govori o meni.
Stranac: I tako tvrdimo da svaki iskaz nužno ima neko svojstvo?
Teajtet: Da.
Stranac: Koje svojstvo treba pripisati jednom od tih iskaza, a koje drugom?
Teajtet: Jedan je, valjda, lažan, a drugi istinit.
Stranac: Onaj od tih iskaza koji je istinit kazuje o tebi stvari onakve kakve jesu.
Teajtet: Svakako.
Stranac: A onaj koji je lažan, kazuje stvari drukčije od onog kako jeste.
Teajtet: Da.
Stranac: Prema tome, govori o onome što ne postoji da postoji.
Teajtet: Skoro da je tako.
Stranac: Zapravo, govori o stvarima koje postoje, ali koje su drukčije od onoga što postoji u tvom slučaju. Rekli smo, naime, da u slučaju svake stvari mnogo šta postoji, a mnogo šta ne postoji.
Teajtet: To je sasvim tačno.
Stranac: Dakle, onaj drugi iskaz koji sam o tebi izrekao, u skladu sa definicijom govora koju smo utvrdili, treba najpre da nužno bude jedan od najkraćih mogućih.
Teajtet: Pa o tom smo se baš maločas saglasili.
Stranac: Treba, zatim, da se odnosi na nešto.

Teajtet: Tačno.
Stranac: A ako se ne odnosi na tebe, on se ne odnosi ni na šta drugo.
Teajtet: A kako bi?
Stranac: Prema tome, ako se ne odnosi ni na šta, uopšte i nije iskaz; pokazali smo, naime, da je to nemoguće da iskaz bude onaj koji se ne odnosi ni na šta.
Teajtet: Potpuno ispravno.
Stranac: Na taj način, dakle, ono što se iskaže o tebi, ali ono što je drukčije — kao isto, a ono što ne postoji — kao da postoji, za takav spoj, sastavljen od subjekta i predikata, stvarno je i uistinu sasvim jasno da predstavlja lažni govor.
Teajtet: To je prava istina.
Stranac: A šta sada? Zar nije već očito i za misao, sud i predstavu, da se te vrste sve u našoj duši javljaju i kao istinite i kao lažne?
Teajtet: Kako?

(262c—263e)

MIŠLJENJE I GOVOR

Stranac: To ćeš lakše shvatiti ako se najpre upoznaš šta su oni zapravo i u čemu se razlikuju jedno od drugog.
Teajtet: Dobro, objasni.
Stranac: Zar, nisu, dakle, mišljenje i govor jedno isto, samo što se u duši javlja njen unutrašnji bezglasni dijalog sa samom sobom, koji smo i nazvali mišljenjem?
Teajtet: To je sasvim tačno.
Stranac: A zvučna struja koja od nje teče kroz usta zove se govor?
Teajtet: Da.
Stranac: A zbilja znamo da se kod govora javlja i to.
Teajtet: Šta?
Stranac: Potvrda i odricanje.

Teajtet: To je poznato.
Stranac: Ako se to, dakle, javlja u duši kao nečujna misao imaš li za to kakav drugi naziv osim *podrazumevanje*?
Teajtet: Kako bih imao?
Stranac: Ali šta ako se to kod nekog ne javi samo od sebe, već posredstvom opažaja, da li se onda to stanje može ikako drukčije nazvati adekvatno osim „predstava"?
Teajtet: Nikako.
Stranac: Budući, dakle, da je govor mogao biti i istinit i lažan, a da se kod ostalog pokazalo da je mišljenje dijalog duše sa samom sobom, dok je misao finalizacija mišljenja, a ono što podrazumevamo pod „predstava" jeste mešavina opažaja i misli, nužno je da i među njima, budući da su svi bliski s govorom, bude lažnih, i to pojedini od njih, ili ponekad.
Teajtet: Kako da ne?

(263e—264b)

FILEB

LICA: SOKRAT
        PROTARH
        FILEB

DA LI JE *DOBRO* MUDROST ILI UŽIVANJE

Sokrat: Vidi, onda, Protarše, u čemu je suština Filebove teze koju se sada spremaš da prihvatiš, a, ako ti nije po volji kako govorim, šta je to diskutabilno u mojoj postavci. Da li hoćeš da ih ukratko ponovimo i jednu i drugu?

Protarh: Da, da, svakako.

Sokrat: Fileb, dakle, kaže da je *dobro* svim bićima radost, uživanje i zadovoljstvo, i sve drugo što ulazi u ovu klasu, dok ja, naprotiv, smatram da *dobro* nije to, već mudrost, inteligencija i pamćenje i sve drugo što je njima srodno. Ispravno mišljenje i istinito zaključivanje je bolje i ima više prednosti nego uživanje za sva ona bića koja su sposobna da u tome sudeluju, u sadašnjosti ili u budućnosti. Zar nismo, Filebe, tako nekako postavili ovaj problem?

Fileb: Sasvim tako, Sokrate, zaista.

Sokrat: Hoćeš li onda prihvatiti argument koji ti je upravo dat, o Protarše?

Protarh: Pa, moram ga prihvatiti, kad se naš dragi Fileb povukao.

Sokrat: Treba li, onda, da se o tome na svaki način istina izvede na čistinu?

Protarh: Svakako da treba.

Sokrat: Dede, pored toga, da se saglasimo i u ovome.

Protarh: U čemu?

Sokrat: Da će sada svaki od nas pokušati da ukaže na neko psihičko stanje i dispoziciju koji su u mogućnosti da svima ljudima obezbede srećan život. Zar nije tako?

Protarh: Sasvim tako.

Sokrat: Zar nisi ti, dalje, rekao da je to radost, a ja, opet, da je to mudrost?
Protarh: Tako je.
Sokrat: A šta onda ako se ispostavi da je nešto treće bolje i od jednog i od drugog? Zar nećemo u tom slučaju i ti i ja biti poraženi? Ali ako se pokaže da je život, koji uistinu poseduje takve osobine, više nalik na uživanje, život uživanja još uvek odnosi pobedu nad životom mudrosti, zar ne?
Protarh: Da.
Sokrat: Ali ako je sličniji mudrosti, onda mudrost pobeđuje uživanje, a ono biva poraženo? Kažete li da smo se tako složili ili...?
Protarh: Ja, bar, tako mislim.
Sokrat: A Fileb? Šta ti kažeš?
Fileb: E, ja i mislim i misliću da na svaki način pobedu odnosi uživanje; ti pak, Protarše, sam odluči.
Protarh: Filebe, ti si meni prepustio da vodim diskusiju i više nisi nadležan da se sa Sokratom u nečemu složiš ili ne.
Fileb: Pravo kažeš: ja, evo, već perem ruke, pozivajući za svedoka boginju lično.
Protarh: A mi ćemo ti posvedočiti da si govorio tako kao što kažeš. Ali odmah posle toga, Sokrate, bez obzira na to da li je Fileb time zadovoljan ili nije, pokušajmo ipak da dođemo do kraja.
Sokrat: Treba pokušati, i to počinjući od same boginje koju on kaže da zovu Afrodita, ali da je njeno pravo i istinsko ime *uživanje*.
Protarh: U redu.

(11a—12b)

DA LI POSTOJE RAZLIČITA UŽIVANJA

Sokrat: Protarše, strahopoštovanje koje sam ja uvek osećao pred imenima bogova nije običnih ljudskih razmera, nego prevazilazi i najveći strah. I sada ću, takođe, nazvati Afroditu onim imenom koje je njoj drago. Što se tiče uživanja, znam da je ono raznovrsno i, kao što sam upravo rekao onda kada razmišljamo u čemu se, u stvari, sastoji njena prava priroda, treba da počnemo od nje same. Jer, sudeći ovako jednostavno, na osnovu tog izrečenog imena, to što je ona jeste *jedno*, ali ona, međutim, uzima svakojaka i, čak, na izvestan način međusobno neslična obličja. Vidi samo: mi kažemo da uživa čovek razuzdan, ali da uživa i umeren, i to upravo u samoj toj umerenosti; da uživa, zatim, i nerazuman čovek, i to pun nerazumnih misli i nada; da uživa, s druge strane, i razuman čovek u samoj svojoj razumnosti. Kako onda neko za sva ta uživanja da kaže kako su i jedna i druga međusobno slična, a da pri tom ne ispadne i sam nerazuman, i to zasluženo?

Protarh: Tačno je, Sokrate, da ta uživanja potiču od suprotnih stvari, ali ona sama nisu međusobno suprotna. Kako, naime, da uživanje ne bude od svih stvari najviše slično upravo uživanju, to jest samome sebi?

Sokrat: Kao što je i boja, dragoviću, najviše slična boji, jer dokle god su boje boje, među njima nema razlike, iako svi znamo da je crno ne samo različito od beloga, nego i da mu je sasvim suprotno. Na isti način je i geometrijsko telo slično jedno drugome: u generičkom smislu ona, potpuno, čine *jedno*, čiji pak delovi jedni naspram drugih mogu biti apsolutno suprotni, sa hiljadama razlika, a naći ćemo i mnogo šta drugo sa sličnim karakteristikama. Prema tome, nemoj verovati tome pristupu kojim se postiže da sve, što je u svemu i potpuno suprotno, bude *jedno*. Bojim se isto tako da ćemo naći kako su i neka uživanja suprotna drugima.

Protarh: Pa, možda. Ali kako to može naškoditi našoj raspravi?

Sokrat: Tako što njima, bez obzira na sve te nesličnosti, dodaješ, da tako kažemo, još jedan naziv: kažeš, naime, da je *dobro* sve ono što je prijatno.

(12c—13a)

DA LI POSTOJE RAZLIČITA SAZNANJA

Sokrat: Ali hajde, Protarše, da sad ti meni ponovo postaviš pitanje.
Protarh: Koje pitanje?
Sokrat: Zar mudrost, saznanje, inteligencija i sve ostalo što sam ja u početku nabrojao kao *dobro* na tvoje pitanje »Šta je to dobro?«, zar neće, dakle, pretrpeti ono isto što i uživanja o kojima si ti govorio?
Protarh: Kako to?
Sokrat: Izgleda da su svekolika saznanja brojna, a da su neka od njih međusobno neslična: kad bi neka od njih postala i na neki način suprotna, da li bih ja zasluživao da o tome raspravljam ako bih, da bih to izbegao, tvrdio kako ne postoji nikakva nesličnost saznanja u odnosu na saznanje, pri čemu bi naš stav iščezao kao neka basma, a sami bismo se spasli jedino uz pomoć kakve nelogičnosti?
Protarh: Ali to uopšte nije potrebno da se desi. Sviđa mi se, naime, ravnopravan tretman tvog i moga stava: neka, dakle, uživanja budu mnoga i neslična, a mnoga i različita saznanja.

(13e—14a)

(Zatim se govori o odnosu *jedno : mnogo* i *konačno : beskonačno*.)

JEDNO I MNOGO SE OBJAŠNJAVA NA PRIMERU SLOVA I TONA

Sokrat: Šta ovim hoću da kažem, Protarše, postaje sasvim jasno kod slova, a ti samo treba to da shvatiš na primeru onoga istoga čime si se školovao.

Protarh: Kako to?

Sokrat: Pa, nesumnjivo da je *jedan* glas koji nam izlazi kroz usta a opet je beskrajno raznovrstan kod svih i kod svakog pojedinačno.

Protarh: Kako da ne!

Sokrat: A ipak još uopšte nismo dovoljno upoznati ni u jednoj od ove dve tačke — niti što znamo da je glas beskonačan niti da je jedan, već znati koliko ih ima i kakvi su ti glasovi — to je ono što svakog od nas čini pismenim.

Protarh: Sasvim tačno.

Sokrat: A i ono što nas čini muzičarem takođe je sasvim isto.

Protarh: Kako?

Sokrat: Pa i u toj umetnosti ima nesumnjivo *jedan glas*, kao i tamo?

Protarh: Kako da ne!

Sokrat: Uzmimo, onda, dva tona gravis i akut, a kao treći — *srednji*, ako ti ne misliš drukčije.

Protarh: Dobro je tako.

Sokrat: Ali, u slučaju da samo ovo znaš, još se uopšte ne razumeš u muziku, ali, ako čak ni to ne znaš, onda, da tako kažemo, u ovome ništa ne vrediš.

Protarh: Naravno da ne.[1]

(17a—c)

---

[1] Dalje se govori o muzičkim intervalima i harmonijama, metrima i ritmu.

PODELA GLASOVA NA VRSTE

Sokrat: ... Hajde da to što smo rekli razmotrimo ponovo na primeru slova.
Protarh: Kako?
Sokrat: Kada je primećeno da je glas beskonačan — bilo da je to bio neki bog ili pak kakav božanski čovek — kao što ima jedna priča u Egiptu koja to pripisuje nekom Teutu, koji je prvi primetio da u tom beskraju samoglasnici nisu *jedno* već *više*, a da zatim postoje i neki drugi, koji ne daju glasa, već nekakvog šuma, i kojih ima, takođe, izvestan broj. Najzad je, kao treću vrstu slova izdvojio i ona koja mi sada nazivamo *muklim* (afona). Onda je podelio, sve do jednog, te *mukle* bez glasa ili šuma, i, na isti način, samoglasnike i *srednje*, sve dok nije odredio njihov broj i svaki pojedinačno i sve zajedno nazvao elementima (ili fonemima). Zapažajući, međutim, da niko od nas ne može da razume *jedno* samo za sebe, bez svih ostalih, on je onda tu povezanost opet shvatio kao da je *jedno* koje ih sve na neki način ujedinjuje i proglasio da ih sve obuhvata jedna veština koju je nazvao *gramatikom*.[1]

(18b—d)

DOBRO NIJE NI MUDROST NI UŽIVANJE, VEĆ NEŠTO TREĆE

Sokrat: Prisećam se sada nekih reči koje sam nekada — da li u snu ili na javi? — čuo o uživanju i mudrosti, da, naime, nijedno od njih nije *dobro*, već da je *dobro* nešto treće, različito od njih a bolje od oba. I ako nam se sada to jasno ukaže, uživanje gubi izglede na pobedu, jer *dobro* više ne bi bilo identično s uživanjem, zar ne?

---
[1] Zapravo veština čitanja i pisanja.

Protarh: Tako je.
Sokrat: I onda nam više, po mome mišljenju, uopšte ne bi bilo potrebno da klasifikujemo uživanja prema vrstama. A kako budemo napredovali, to će se pokazivati sve jasnije.
Protarh: To si odlično rekao, samo sad tako nastavi.
Sokrat: Samo još nekoliko sitnica o kojima treba prethodno da se sporazumemo.
Protarh: Kojih?
Sokrat: Da li je nužan uslov za *dobro* savršenost ili nesavršenost?
Protarh: Svakako da je ono najsavršenije od svega, Sokrate.
Sokrat: Šta onda? Da li je dobro dovoljno samo sebi?
Protarh: Kako da ne. U tome, zapravo, prevazilazi sve drugo što postoji.
Sokrat: Evo, onda, šta ja mislim da je o tome najnužnije da se kaže: njega vreba i za njim stremi svekoliko inteligentno biće, želeći da *dobro* uhvati i da ga zadrži za sebe, ne brinući se ni o jednoj drugoj stvari ukoliko njeno ispunjenje nije krunisano dobrim.
Protarh: Tome nema šta da se prigovori.
Sokrat: Ispitujmo, dakle, i prosuđujmo život ispunjen uživanjem i život ispunjen mudrošću, ali posmatrajući ih odvojeno.
Protarh: Kako to misliš?
Sokrat: Neka u životu s uživanjem ne bude mudrosti, niti uživanja u životu s mudrošću. U slučaju ako je i jedno od njih *dobro,* nijedno ne treba da teži za još nečim; a ako se pokaže da i jedno od njih još za nečim teži, onda to u stvari i nije više za nas uistinu *dobro*.
Protarh: A otkud bi bilo?
Sokrat: Da pokušamo onda to da proverimo na tebi.
Protarh: Dobro.
Sokrat: Onda, odgovaraj!
Protarh: Reci.
Sokrat: Da li bi ti, Protarše, prihvatio da proživiš ceo svoj život uživajući u najvećim uživanjima?

Protarh: Kako da ne!
Sokrat: Da li bi smatrao da ti još nešto nedostaje ako bi potpuno uživao?
Protarh: Ne bih.
Sokrat: Pogledaj, ipak, zar ti ne bi trebalo nešto od ovoga: mudrost, inteligencija, predviđanje i ostalo tome slično?
Protarh: A što? Pa valjda bi mi sve bilo potaman kad osećam zadovoljstvo.
Sokrat: Dakle, živeći ovako, ti bi se celoga života zadovoljavao najvećim uživanjima?
Protarh: Što da ne?
Sokrat: Ali kada ne bi imao ni inteligencije, ni pamćenja, ni saznanja, ni istinitog mišljenja, očigledno je neizbežno da ti ostane nepoznato upravo to sâmo, to jest da li osećaš zadovoljstvo, budući da si lišen svake mudrosti.
Protarh: Neizbežno.
Sokrat: A isto tako, kada ne bi imao pamćenja, neizbežno je, valjda, da se ne bi mogao setiti da si ikad osećao sadovoljstvo, niti bi ti se, pak, uživanje koje doživljavaš upravo u ovom trenutku ma i najmanje urezalo u sećanje. A zatim, kad ne bi imao ni istinskog mišljenja, ti čak ni dok osećaš zadovoljstvo ne bi mislio da ga osećaš, a, lišenom sposobnosti predviđanja, čak ti ne bi bilo moguće ni da predvidiš da ćeš u budućnosti osetiti zadovoljstvo. Živeo bi tako, ne životom čoveka, već nekakve meduze ili kakve školjke, kao što ih ima u moru. Da li je tako ili bismo o tim stvarima mogli misliti i nekako drukčije?
Protarh: A kako?
Sokrat: Da li je, dakle, takav život vredan da se izabere?
Protarh: Ovaj argument mi je, Sokrate, u potpunosti oduzeo moć govora.

(20b—21d)

ŽIVOT KAO SPOJ UŽIVANJA S MUDROŠĆU

Sokrat: Samo nemojmo sada malaksati, nego pređimo dalje na ispitivanje intelektualnog života.
Protarh: Na koji to misliš?
Sokrat: Da li bi iko od nas pristao da živi posedujući i mudrost i inteligenciju i saznanje i sećanje, potpuno i o svemu, ali bez uživanja, bilo malog bilo velikog, zatim bez bola, i da bude sasvim neosetljiv prema svim takvim stvarima?
Protarh: Nijedan od tih načina življenja, Sokrate, ne čini mi se da je dostojan da se izabere, a, verujem, ne bi se takvim učinio ni ikome drugom.
Sokrat: A šta veliš o obostrukom životu, jednom životu koji bi nastao kad se ova dva spoje?
Protarh: Hoćeš da kažeš: uživanja s inteligencijom i mudrošću?
Sokrat: Da, da, upravo na to mislim.
Protarh: Svako će, valjda, izabrati takav način života pre nego ijedan od ona dva, ili, pak, povrh njih, i to svaki čovek bez izuzetka.
Sokrat: Shvatamo li, onda, šta nam sledi iz dosadašnjeg izlaganja?
Protarh: Potpuno. Predložena su, dakle, tri načina života, ali dva od njih nisu ni dovoljna ni dostojna da ih izabere bilo čovek, bilo neko drugo živo biće.
Sokrat: Zar onda već odatle nije jasno da nijedan od ta dva života ne sadrži *dobro*? Jer bi, u tom slučaju, taj život bio i dovoljan i savršen i dostojan da se za njega opredeli sve rastinje i svako živo biće koje bi bilo u stanju da na taj način provede ceo svoj život. A ako bi neko od nas izabrao nešto drugo, on bi to učinio u suprotnosti sa pravom prirodom onoga što je dostojno da se izabere, i to se ne bi dogodilo zato što on to želi, već usled neznanja ili neke nesrećne nužnosti.
Protarh: Izgleda, onda, da stvari tako stoje.

Sokrat: Prema tome, čini mi se da je dovoljno pokazano da ne treba smatrati kako je Filebova boginja identična s *dobrim*.

Fileb: Ali ni tvoj *intelekt*, Sokrate, nije *dobro*, već je i on podložan istim prigovorima.

(21d—22c)

(Dobro je život kao spoj uživanja i razboritosti, na drugo mesto dolazi razum, na treće uživanje. Prema tome, dobro pripada mešanom životu, razum uzroku, a uživanje beskonačnom, jer se tako klasifikuje i sâmo biće. Ako dođe do rasturanja prirodne ravnoteže, onda se javlja bol. Ponovno uspostavljanje ravnoteže dovodi do uživanja, koja mogu biti telesna, duševna ili neutralna. Ali, mogu biti i lažna, kao što i mišljenje može biti istinito ili lažno. Tako, zapravo, postoje tri vrste života. Analiziraju se osećaji, pamćenje i želje.)

TRI VRSTE ŽIVOTA

Sokrat: A šta bi bilo onda ako se u našem telu ne bi događalo ništa od svega toga, to jest razbijanje i uspostavljanje ravnoteže?

Protarh: A kada bi se, Sokrate, to moglo dogoditi?

Sokrat: To pitanje što si ga sada postavio, Protarše, uopšte nije relevantno za našu diskusiju.

Protarh: Zašto nije?

Sokrat: Zato što mene ne sprečava da ti ponovo postavim svoje pitanje.

Protarh: Koje pitanje?

Sokrat: Ako se, Protarše, tako nešto ne bi dogodilo, šta bismo rekli da je nužna posledica toga?

Protarh: Hoćeš da kažeš: ako se telo ne bi pokretalo ni na jednu stranu?

Sokrat: Upravo to.

Protarh: Pa, jasno, Sokrate, da se u tom slučaju uopšte ne bi moglo pojaviti ni uživanje niti bilo kakav bol.

Sokrat: To si jako dobro rekao. Ali, mislim da pod tim podrazumevaš da mi uvek nužno doživljavamo jedno ili drugo, kako već mudraci kažu: da, naime, sve uvek teče na ovu ili na onu stranu.

Protarh: Da, zaista, tako kažu, a, izgleda, nije ni neozbiljno to što kažu.

Sokrat: A kako će i biti, kada ni oni sami nisu neozbiljni? Ja samo hoću da izbegnem diskusiju koja se na to nastavlja. Evo, dakle, kako nameravam da to postignem, a ti hajde zajedno sa mnom.

Protarh: Reci kako.

Sokrat: Neka, dakle, tako stoje stvari, recimo mi njima. A ti meni odgovori: da li uvek sve ono što se dešava sa nekim živim bićem, ono sve to i oseća što mu se dešava, i ne ostaje li nama samima nepoznato da rastemo ili da se nešto slično s nama dešava, a da mi pri tome ništa ne osećamo? Ili je sasvim obratno?

Protarh: Naravno da je sasvim obratno. Jer gotovo sve to nama ostaje nepoznato.

Sokrat: Nije, dakle, dobro rečeno to što smo upravo zaključili, naime, da bolove ili uživanja izazivaju promene na ovu ili onu stranu.

Protarh: Zašto nije?

Sokrat: Biće bolje, i manje izloženo prigovorima, ako se kaže ovako.

Protarh: Kako?

Sokrat: Da nama krupne promene nanose bol ili uživanje, ali da umerene ili pak neznatne promene uopšte ne prouzrokuju ni jedno ni drugo.

Protarh: Tako je, Sokrate, ispravnije nego onako.

Sokrat: Ako, dakle, stvari tako stoje, onaj način života o kome je maločas bilo reči opet se vraća.

Protarh: Koji to život?

Sokrat: Onaj za koji smo rekli da je i bezbolan i bez naslade.

Protarh: Sasvim pravo kažeš.

Sokrat: Prema tome, uspostavimo ove tri vrste života: jedan prijatan, drugi, opet, bolan a treći

— neutralan. Šta ti kažeš na to?

Protarh: Ni ja ne kažem ništa drugo već to da ima tri vrste života.

Sokrat: Zar ne, onda, da *biti bez bolova* nikada ne bi moglo biti identično sa *biti zadovoljan?*

Protarh: A kako bi bilo?

Sokrat: Ako bi ti, dakle, čuo kako neki čovek govori da je od svega na svetu najprijatnije da se ceo život provede bezbolno, šta bi pretpostavio da on pod tim podrazumeva?

Protarh: Pa, meni se čini, da bi on hteo da kaže kako *prijatno* znači: *biti bez bola.*

Sokrat: Od tri stvari, koje god ti drago, naznači mi jednu kao zlato, drugu kao srebro, a treću kao nijednu od to dvoje.

Protarh: Dobro.

Sokrat: A sad, da li bi ta treća stvar, koja nije ni jedno ni drugo, mogla postati jedno od ono dvoje, to jest zlato ili srebro?

Protarh: Kako bi mogla?

Sokrat: Zar onda ne bi onaj ko prosudi da je neutralan život prijatan ili bolan pogrešno prosudio, i onaj ko to kaže, pogrešno rekao, bar koliko je to po zdravom razumu.

Protarh: Kako da ne.

(42d—43e)

METOD ISPITIVANJA

Sokrat: Da li ćemo se onda složiti, upravo kao maločas, da postoje u nama tri takva stanja ili da ih je samo dva: bol, koji je zlo za ljude i oslobođenje od bola, što je samo po sebi dobro, i što ćemo nazvati prijatnim.

Protarh: Kako da se, Sokrate, mi sada to pitamo? Ne razumem.

Sokrat: Uistinu, onda, Protarše, ti ne razumeš protivnike ovog našeg Fileba.

Protarh: A za koje to kažeš?
Sokrat: Pa za one što ih nazivaju pravim stručnjacima u prirodnim naukama, koji tvrde da uživanja uopšte ne postoje.
Protarh: Pa?
Sokrat: Oni tvrde da je sve ono što Filebove pristalice nazivaju uživanjima, u stvari samo odsustvo bola.
Protarh: Da li, prema tome, Sokrate, ti nama savetuješ da ih poslušamo, ili nešto drugo?
Sokrat: A, ne, već se njima treba poslužiti kao kakvim prorocima. (.....) Priključimo im se, dakle, kao da su nam saveznici, sledeći trag njihove neugodnosti. Mislim, naime, da bi oni govorili otprilike ovako, počinjući negde iz daleka, recimo: ako bismo hteli da sagledamo prirodu nečega, na primer, *tvrdog*, da li bismo to bolje shvatili posmatrajući najtvrđe stvari ili pak one koje su beznačajne tvrdoće? Ti sad, Protarše, treba da odgovoriš tim mrzovoljnicima isto kao što si meni odgovorio.
Protarh: Dabome, kažem im da najpre treba razmotriti stvari prve po veličini.
Sokrat: Prema tome, ako hoćemo za uživanje da vidimo u čemu se sastoji njegova priroda, treba da gledamo ne na neznatna uživanja već na ona koja zovu najžešća i najintenzivnija.
Protarh: U tome bi ti svako sada dao za pravo.

(44a—45d)

(Isto vredi i za sve ostalo. Najviše *dobro* jeste spoj, mešavina uživanja i mudrosti. Ali ti elementi mogu biti pomešani na više načina.)

DEFINISANJE IDEJE NAJVIŠEG *DOBRA* POMOĆU LEPOTE, SRAZMERE I ISTINE

Sokrat: Da li bismo, dakle, konstatujući da se sad već nalazimo na kapiji *dobra* i njegovog boravi-

šta doista imali nekog razloga da to kažemo?
Protarh: Meni se bar čini tako.
Sokrat: Šta bi onda po našem mišljenju u tom spoju bilo najvrednije i ujedno najzaslužnije da takvo jedno stanje svima omili? A kada to uočimo, onda ćemo posle toga ispitivati da li je u svekolikom biću *dobro* bliže i srodnije uživanju ili intelektu.
Protarh: Tačno; jer to nam veoma ide u prilog kod naše presude.
Sokrat: I tako uopšte nije teško da se uvidi u čemu se sastoji uzrok da neki spoj ima ili maksimalnu vrednost ili uopšte nikakvu.
Protarh: Šta pod tim podrazumevaš?
Sokrat: Pa, to u stvari svi znaju.
Protarh: Ali šta to?
Sokrat: Da svaka mešavina, bez obzira koja i kakva, ako je bez mere i srazmere, nužno upropašćuje svoje sastojke a najpre samu sebe; jer to uopšte nije smeša već prava zbrka koja zaista postaje nevolja za one stvari što ulaze u sastav te kombinacije.
Protarh: Sasvim tačno.
Sokrat: Tako nam se prava vrednost dobra povukla u domen lepog; jer mera i srazmera svugde imaju kao rezultat lepotu i izvrsnost.
Protarh: Zaista je tako.
Sokrat: Dalje smo rekli da se s njima u toj smeši nalazi i istina.
Protarh: Tako je.
Sokrat: Prema tome, ako nam nije pošlo za rukom da *dobro* ulovimo u jednoj jedinstvenoj ideji, uzeli smo ovo troje: lepotu, srazmeru i istinu, uz objašnjenje da nam to daje za pravo da ih sve zajedno smatramo uzrokom svega onoga što sačinjava spoj, a da je upravo zbog toga što je to dobro, i sam spoj takav kakav je.
Protarh: E, to je sasvim ispravno.

(64c—65a)

MUDROST JE NAJVIŠEM *DOBRU* BLIŽA NEGO UŽIVANJE

Sokrat: Tako, dakle, Protarše, sada bi koji mu drago sudija mogao da nam donese presudu u sporu između uživanja i mudrosti: koje je od njih dvoje bliže i prisnije najvišem dobru i koje uživa veće uvaženje među ljudima i među bogovima.

Protarh: To je očigledno, ali ja ipak držim da bi bilo bolje da mi tu analizu i dovršimo.

Sokrat: Prosuđujmo, onda, pojedinačno svako od ovo troje, i to u odnosu prema uživanju i u odnosu prema intelektu; treba, naime, da sagledamo kojem ćemo od to dvoje da svako ponaosob dodelimo kao srodnije i bliže.

Protarh: Da li pod tim podrazumevaš lepotu, istinu i meru?

Sokrat: Da. Najpre, Protarše, uzmi istinu i razmotri je u odnosu na ovo troje: intelekt, istinu i uživanje; dobro i dugo razmisli, pa odgovori samom sebi šta ima više srodnosti s istinom, intelekt ili uživanje.

Protarh: A šta će tu dugo razmišljanje? Jer, mislim, da je razlika ogromna. Pa uživanje je najveći opsenar što postoji, i što no reč, u ljubavnim nasladama, koje su na izgled najveće, i krivokletstvo dobija oproštenje od bogova, budući da su uživanja kao deca, bez trunke razuma. Intelekt je, pak, ili identičan s istinom ili joj je od svega najsličniji ili je najistinitiji.

Sokrat: Sada, posle toga, na isti način razmatraj meru, da li je ima više u mudrosti nego u uživanju, ili, obratno, više u uživanju nego u mudrosti?

Protarh: I to je lako da se ispita što si mi sada predložio! Mislim, naime, da na celom svetu nije moguće naći ništa po prirodi neodmerenije od uživanja i raskalašnosti, niti pak išta umerenije od intelekta i saznanja.

Sokrat: Lepo rečeno. Sad reci još i ovo treće. Da li, po našem sudu, intelekt u lepoti sudeluje više nego što je to slučaj s uživanjem, tako da je intelekt lepši od uživanja, ili je, pak, obrnuto?

Protarh: Ali, Sokrate, pa nikad niko ni u snu ni na javi nikako i ni na koji način nije ni video ni pomislio da bi mudrost i intelekt mogli biti nešto ružno, ni u prošlosti, u sadašnjosti ili budućnosti.

Sokrat: Ispravno.

(65a—65e)

SKALA VREDNOSTI ONOGA ŠTO JE *DOBRO*

Sokrat: Onda ćeš ti, Protarše, svuda razglasiti, šaljući glasnike i kazujući prisutnima, da uživanje nije tekovina prvoga ranga, niti drugoga, već da treba smatrati kako prvo mesto zauzima mera i ono što je umereno i pravovremeno i sve ostalo iz te kategorije što spada u izbor večite prirode.

Protarh: Čini mi se da to proizlazi iz onoga što smo maločas govorili.

Sokrat: Na drugo mesto dolazi ono što je srazmerno i lepo i savršeno i dovoljno i sve što god spada u taj rod.

Protarh: Biće da je tako.

Sokrat: Treće mesto, opet, naslućujem, ako se rezerviše za intelekt i za mudrost, neće se čovek puno udaljiti od istine.

Protarh: Može biti.

Sokrat: Zar dalje ne valja pretpostaviti za sve ono što smo odredili kao psihička svojstva, tj. saznanje, veštine i takozvano ispravno mišljenje, da dolazi na četvrto mesto posle one tri klase ako su bliža onome što je *dobro* nego uživanju?

Protarh: Moguće.

Sokrat: A na peto mesto će, onda, doći ono što smo definisali kao bezbolna uživanja, nazivajući ih

čistim psihičkim uživanjima, bilo da ona dolaze u sledu posle saznanja ili posle opažaja?
Protarh: Može biti.

(66a—66c)

ZAKLJUČAK I VRAĆANJE POČETNOJ TEZI

Sokrat: Ali hajde da preispitamo isti stav, pozivajući boga za svedoka i prinoseći Zevsu Spasitelju ovu treću žrtvu.
Protarh: Koji to stav?
Sokrat: Fileb je tvrdio da je svekoliko i apsolutno uživanje za nas *dobro*.
Protarh: Čini mi se, Sokrate, da si pod tom *trećom žrtvom* zapravo podrazumevao kako se istog problema treba poduhvatiti od početka.
Sokrat: Da, da, i čujmo ono što dolazi posle toga. Ja sam, naime, sagledao ono što sam upravo izneo i, opirući se shvatanju koje nije samo Filebovo već ga dele i hiljade drugih, rekao sam da je za život ljudi razum daleko bolji i blagotvorniji nego uživanje.
Protarh: Tako je bilo.
Sokrat: Ali, podozrevajući da postoje i mnoge druge stvari, rekao sam da bih se u slučaju ako se pokaže da je nešto bolje od ono dvoje, ja izborio da razum zauzme drugo mesto, nasuprot uživanju, čime bi uživanje ostalo i bez tog drugog mesta.
Protarh: Jeste, tako si rekao.
Sokrat: A posle toga je postalo jasno da ništa od toga nije u potpunosti prihvatljivo.
Protarh: Sasvim tačno.
Sokrat: Zar nije onda na osnovu takvog stava besprizivno odbijena predstavka i razuma i uživanja da je ijedno od njih *dobro* po sebi, budući da im nedostaje samodovoljnost i sposobnost da budu dovoljni i savršeni.

Protarh: Sasvim tačno.
Sokrat: Ali budući da se pojavilo ono treće i nadvladalo ih oboje, zar nam nije sada jasno da je razum po svojoj suštini hiljadu puta bliži i sličniji pobedniku nego što je to slučaj s uživanjem.
Protarh: Kako da nije!
Sokrat: Dakle, po presudi koja proističe iz procesa što smo vodili, uživanju bi pripalo peto mesto.
Protarh: Tako je.
Sokrat: A prvo mesto ono ne bi zaslužilo ni kad bi se svi volovi ili konji ili i druge životinje za to založili na taj način što bi težili za uživanjima. Verujući ovakvima, kao što vračevi veruju proročanstvima pomoću ptica, široke mase prosuđuju da su za dobar život ljudima najvažnija uživanja, i kao glavnu zalogu smatraju animalnu ljubav, koja se svaki put posvedočava racionalnim i filosofskim rečima.
Protarh: Da si ti, Sokrate, iskazao punu istinu, odsada ćemo svi mi moći potvrditi.
Sokrat: Pustićete me, onda, i da odem?
Protarh: Još samo po koja sitnica, Sokrate; nećeš valjda ti odustati pre od nas, a ja ću te već podsetiti šta još preostaje da raspravimo.

(66d—67b)

TIMAJ

NASTANAK EKVATORA I EKLIPTIKE U VIDU SLOVA X

»Onda je on[1] ceo taj sklop rascepio nadvoje po dužini i ukrstio delove jedan preko drugog po sredini u vidu slova X[2], a zatim ih je spojio ujedno u krug, povezujući ih tako same sa sobom i međusobno tačno nasuprot od mesta preseka.«

(36bc)

ULOGA VIDA, GOVORA I SLUHA

»Vid nam je, doista, po mome shvatanju, uzročnik najveće koristi, jer od svih ovih reči koje se sada kazuju o univerzumu nijedna se nikad ne bi mogla izreći da ljudi nisu bili u stanju da vide zvezde ili sunce ili nebo. Ali to što i sada zapažamo dan i noć, mesece i godišnja doba, ravnodnevice i oba solsticija, podstaklo nas je (da uočimo) *broj* i dovelo nas do pojma vremena kao i do ispitivanja o prirodi univerzuma uopšte ... Bog nam je iznašao i obdario nas vidom da bismo opazili opticanja uma na nebu i da bismo to posle mogli primeniti na tokove sopstvenog mišljenja u nama, koje je srodno s onima, uređenim i mirnim, dok su ovi tokovi u nama nemirni i nepravilni, i da bismo, shvativši i učestvujući u procenjivanju njihove pravilnosti, u skladu s prirodom,

---
[1] Tj. bog, demijurg.
[2] Grčko slovo *chei* ili *chi*, od koga je postalo ćirilično X i latinično X.

i podražavajući božanska kretanja koja su potpuno nepogrešiva, doveli u red tokove u nama koji su puni zastranjivanja.«

(47a, b—c)

ULOGA GLASA I GOVORA

»A što se tiče glasa i sluha — opet je reč o istome, i bogovi su nas upravo iz istih razloga i s istim ciljevima time obdarili. Jer govor je upravo tome cilju namenjen, i veoma veliki udeo ima u njegovom postizanju. A koliko se opet glas koristi u muzici, to je da bi se slušalo, i dato nam je radi harmonije.[1]«

(47c)

ELEMENTI U PRIRODI I ELEMENTI SLOGA

»Treba, dakle, da ispitamo prirodu vatre, vode, vazduha i zemlje, *pre* nastanka neba, i to prirodu samu, kao i njene osobine pre tog trenutka. Dosad, naime, još niko nije obelodanio njihov nastanak, već, kao da se zna šta je to odista vatra, i sve ono ostalo, nazivamo ih pranačelima, uzimajući da su to *elementi* univerzuma, iako im, u jednom poređenju koje pretenduje da bude makar donekle verovatno, slog ne odgovara čak ni po vrsti, ni pri najpovršnijem razmišljanju.«

(48bc)

---

[1] Tj. reč je namenjena umu, a pevanje sluhu (Leon Roben).

KRITIJA

IMENA KAO SVEDOCI ATINSKE PROŠLOSTI

»A Hefajstu i Atini, koji su srodne prirode, zato što kao brat i sestra imaju zajedničkog oca, a i zato što su usled svoje ljubavi ka mudrosti i ljubavi za umetnost usmereni prema istom cilju, kao zajednički dobitak pripala je upravo ova oblast, jer je ona po prirodi bila pogodna i korisna za vrlinu i za misao. Nju su oni naselili čestitim, autohtonim žiteljima, kojima su stavili na srce da urede i organizuju svoju državu. Od ovih su ljudi sačuvana imena, ali su im dela pala u zaborav usled nestajanja njihovih naslednika i usled velike starine. Onaj živalj koji bi uvek preživeo, ..., necivilizovan, zadržavao bi se u planinama. Ti ljudi bi načuli samo za imena onih koji su vladali zemljom i nešto malo od njihovih podviga. Ta su imena, zatim, sa zadovoljstvom nadevali svojoj deci, i ne znajući za junačke osobine i običaje tih nekadašnjih žitelja, osim pokoje nejasne sitnice o pojedinima od njih. Čak su, zajedno s decom, mnoga pokolenja provela život oskudevajući u svemu što je neophodno čoveku, te su tako usmeravali svoje misli na to što im nedostaje, pa su se čak i njihove priče na to odnosile, tako da uopšte nisu pokazivali nikakve brige za ono što im je prethodilo i što se nekad davno događalo. Jer se zanimanje za mitologiju i za drevna vremena u nekoj državi pojavljuje tek sa slobodnim vremenom, kada je očito da je izvesnim ljudima već obezbeđeno sve ono što je neophodno za život. Ranije, međutim, toga nema. Eto kako se desilo da su preživela samo imena predaka, a ne i njihova dela.«

(109c—110a)

KRITIJINO OBJAŠNJENJE O IMENIMA

»Treba, međutim, pre toga izlaganja[1] da vam ukažem na još jednu pojedinost, kako se ne biste čudili što češće čujete da barbari nose helenska imena. A saznaćete i razlog za to. Solon, budući da je nameravao da se ovom pričom posluži u svojoj poeziji, ispitujući značenje imena, otkrio je da su ih oni Egipćani, koji su prvi sve to zapisali, prevodili na svoj govor, a on je sam, opet, upoznajući smisao svakog imena, zapisao, vraćajući ih na naš govor. Svi su ti spisi bili kod moga dede, a sad se nalaze kod mene, i ja se njima bavim još od detinjstva. Ako, dakle, čujete imena ljudi koja su sasvim slična tamo kao i kod nas, nemojte se tome nimalo čuditi, jer vam je sada, naime, poznat razlog svemu tome.«

(113a)

---

[1] O Atlantidi.

PISMA

JEZIK DRŽAVNOG UREĐENJA

»Sva državna uređenja, naime, imaju svoj sopstveni govor, kao da je svako od njih živo biće: jedan je govor demokratije, drugi oligarhije, a drukčiji opet monarhije; mnogi bi zaista tvrdili da te govore znaju, ali većinom — osim nekolicine — daleko su od toga da ih razumeju. A ono državno uređenje, dakle, koje govori svojim sopstvenim jezikom, podjednako bogovima i ljudima, i shodno tome jeziku upravlja svoje praktično delovanje, uvek je berićetno i stabilno, ali propada ako pokuša da imitira neko drugo uređenje. U tome ti, dakle, Eufraj može biti od naročite koristi, premda je on valjan i u drugim stvarima: nadam se, naime, da će ti on pomoći da nađeš prave reči monarhije i to bolje od ostalih iz tvoje okoline. Budeš li ga, dakle, koristio u tu svrhu, i sam ćeš imati koristi, a njemu ćeš u najvećoj meri pomoći.«

Peto pismo (321d—322a)

PUTEVI I STEPENI SAZNANJA

»A kada sam stigao, mislio sam da najpre treba da se osvedočim u tome da li je Dionisije uistinu zahvaćen filosofijom kao ognjem ili su one glasine, koje su stigle u Atinu, bile neosnovane. Postoji, naime, jedan način pomoću koga se ovo može proveriti i koji nije nepouzdan, a doista je prikladan za tirane, naročito za one kojima je glava puna pogrešno shvaćenih misli, što sam ja, odmah po svome dolasku, osetio da je zadesilo i Dionisija u velikoj meri. Takvim osobama, u stvari, treba ukazati šta je i kakva je u potpunosti ta nauka, pomoću koliko discipline i sa koliko truda se do nje stiže. A onaj koji to čuje, ukoliko je zaista filosof i ako je, zahvaljujući svojoj božanskoj prirodi, s tom naukom srodan i nje dostojan, drži da je čuo za divotan put, da sada treba da napregne sve svoje snage i da mu bez toga nije života. A potom, napregnuvši sve svoje snage, ne napušta svoga vođu na tom putu pre no što u potpunosti stigne do cilja, ili pre nego što sabere takvu snagu da je bez pomoći vođe kadar da samog sebe vodi. Na taj način i sa tim mislima živi takav čovek; obavlja svoj posao bez obzira kakav je, ali se iznad svega drži filosofije i takvog svakodnevnog načina života koji bi mu u što većoj meri omogućio da bude trezvenog duha, da brzo shvata i dobro pamti i da bude sposoban za razmišljanje; a način života oprečan ovome uporno mrzi. A oni koji nisu uistinu filosofi, nego su spolja obojeni mislima, kao što je nekim ljudima telo opaljeno suncem, kada vide koliko tu treba učiti i koliki je trud i kakav svakodnevni način života neophodan za takvo delanje, drže da je to teško i njima nemoguće, te uopšte ne postaju kadri da se tim bave. Neki od njih, pak, uveravaju sami sebe da su dovoljno savladali celu tu materiju i da više ne treba da se trude oko toga. To je očigledan i veoma pouzdan način ispitivanja onih raskalašnih i nesposobnih za napore, da ne bi ikad okrivili svoje instruktore nego same sebe zato što nisu kadri da se bave svim onim što je korisno u ovom poslu.

To što sam upravo rekao, rekao sam tako onda i Dionisiju. Ali, ipak, niti sam ja onda izložio celokupnu materiju niti je Dionisije to tražio, jer se držao kao da zna većinu, i to najkrupnijih stvari, i da mu je, zahvaljujući onome što je čuo od drugih, to dovoljno. Kasnije je, čujem, i napisao ono što je tada slušao na predavanju, sastavivši to kao svoj sopstveni rad a ni po čemu kao delo onih od kojih je učio. Ali o tome ja ne znam ništa. Znam, istina, da su i neki drugi pisali o tim istim stvarima, ali koji god da su to, ni sami sebe oni ne poznaju. Samo toliko imam da izjavim o svima onima koji su o tome pisali ili će pisati i koji tvrde da znaju ono čime se ja bavim, bilo da su to slušali od mene ili od drugih, bilo da su sami otkrili: takvi ljudi, bar po mome mišljenju, ne mogu te stvari uopšte razumeti. U najmanju ruku ne postoji moj spis o tome niti će ga ikada biti: jer to nikako nije moguće, kao druge nauke, iskazati pomoću reči, nego se ono, usled dugog drugovanja sa samim predmetom i zahvaljujući saživljavanju sa njim, iznenada pojavi u duši, kao što iz iskresane varnice bljesne svetlost, i odmah samo od sebe raste. Ipak, toga sam bar svestan da bi, kada bih ja napisao ili usmeno saopštio, to bilo najbolje saopšteno, ali i da bih ja bio pogođen više nego iko drugi ako bi to bilo rđavo napisano. Kada bi se meni činilo da je moguće da se to uspešno napiše ili saopšti mnogima, šta bismo u svome životu mogli lepše da učinimo nego da to napišemo na veliku korist ljudima i da svima pravu prirodu iznesemo na videlo. Ali ne smatram da je za ljude dobro da postoji takozvana rasprava o tim stvarima, osim za izvesnu nekolicinu koji su u stanju da ih sami otkriju na osnovu sitnih indicija; što se tiče ostalih, jedni bi se neprikladno ispunili neopravdanim nipodaštavanjem, a drugi oholom i ludom nadom kao da su saznali nešto uzvišeno. S druge strane, nameravam da o tome govorim iscrpnije; možda će, naime, neka od tih stvari o kojima govorim postati jasnija kada to učinim. Jer postoji izvestan istinit dokaz upravljen protiv onoga koji se usudi da bilo šta piše o takvim stvarima, dokaz koji sam i ranije često pominjao, ali za koji mi se čini da i sada treba da ga navedem. Za svako pojedino biće postoje tri stvari na osnovu kojih se nužno stiče pojam o njemu, četvrta stvar je sam pojam — a kao peto treba staviti ono samo što je uistinu pojmljivo i što stvarno jeste [ideja]. Prvo je naziv [ὄνομα], drugo definicija [λόγος], treće slika [εἴδωλον], a četvrto pojam [ἐπιστήμη]. Ako, dakle, hoćeš da shvatiš to što je upravo rečeno uzmi jedan primer, i uvidećeš da je isti slučaj i sa svim ostalim stvarima. Postoji nešto što se naziva *krugom* i čemu je upravo to naziv što smo sada izgovorili. Njegova definicija je druga stvar, sastavljena od imenica i glagola: ono, naime, čemu je »udaljenost od krajnjih tačaka do centra svuda jednaka« bila bi definicija onoga što se naziva okruglim, kolutastim i krugom. Treća stvar je ono što se može nacrtati i izbrisati, zatim ono što zanatlija izrađuje na strugu i što se može polomiti. S *krugom po sebi*, na koji se sve ove stvari odnose, ne mogu se dešavati takve promene, jer je on nešto sasvim drugo. Četvrto je, pak, pojam, sposobnost shvatanja i istinito mišljenje o svemu tome. A ovo, opet, treba da se tretira kao jedno: ono se ne nalazi u elementima jezika niti u geometrijskim i materijalnim oblicima, nego u ljudskim dušama. Na osnovu toga se vidi da se ono razlikuje kako od prirode *kruga po sebi*, tako i od prirode one tri stvari o kojima sam već govorio. Po srodnosti i sličnosti od svih ovih stvari petom stepenu saznanja najbliža je sposobnost shvatanja, a ostale su više udaljene. Isto to važi za pravu ili krivu, oblik, ili boju, za dobro, lepo i pravedno, za svako telo, bilo prirodno, bilo načinjeno ljudskom rukom, za vatru, vodu i ostale takve stvari, za svekoliko biće i za psihičke osobine, za svaku radnju i stanje. Ukoliko, naime, čovek kod ovih stvari nekako ne shvati makar ponešto od ona četiri stepena, nikada neće u potpunosti učestvovati u saznavanju petog. Pri tom se, zapravo, pomoću ova četiri stepena, zbog nedovoljnosti jezika, izražava ne samo prava suština svake stvari, nego i njene osobine. Stoga se nijedan razuman čovek neće nikada usuditi da svoje misli poveri takvom jednom instrumentu, naročito ne jednom tako nepromenljivom kao što je pisani tekst. U ovoj stvari sada ima još nešto što treba da se shvati. Svaki krug, bilo da ga čovek nacrta ili načini na strugu, pun je protivrečnosti s obzirom na onaj peti — jer se u svakoj pojedinoj tački dotiče s pravom. A mi tvrdimo da *krug po sebi* ne sadrži nikakvog, čak ni najmanjeg, znaka nečega što bi bilo protivrečno njegovoj sopstvenoj prirodi. A što se naziva tiče, tvrdim da nijedna stvar nema stalan naziv i da ništa ne stoji na putu da se ono što sada zovemo *okruglim* nazove *pravim* ili, pak, da se *pravo* nazove *okruglim*, a ukoliko neko stvarima promeni i dâ suprotne nazive, nijedan od tih naziva neće biti čvršće povezan sa stvari od onog prethodnog. Isto se to može reći i o definiciji: budući da se ona sastoji od imenica i glagola, dovoljno je pouzdano da u njoj nema stalnosti. A na hiljadu načina je moguće pokazati kako je svaki od ona četiri stepena saznavanja neodređen. Međutim, kako smo maločas rekli, najvažniji dokaz jeste ovaj: od dve stvari, to jest od suštine bića i od neke njegove osobine, duša traži da sazna suštinu, a ne osobine bića, dok svaki od ona četiri stepena pruža duši, pomoću reči i činjenica, ono što ona ne traži, i čulnim se utiscima uvek može pobiti svaka pojedinačna stvar koju oni saopštavaju ili prikazuju duši, tako da potpunom nedoumicom i neodređenošću ispunjavaju, tako reći, svakoga čoveka. U onim stvarima, pak, u kojima usled lošeg odgoja nismo ni navikli da tražimo istinu, dovoljna nam je prva slika koja nam se pruži, i jedni pred drugima ne postajemo smešni ako nam u razgovoru postavljaju pitanja oni koji su u stanju da diskutuju i pobijaju ona četiri stepena. A u onim stvarima kada treba odgovarati i objašnjavati onaj peti stepen, pobednik je bilo koji od onih ljudi koji su u stanju da opovrgavaju, postižući pri tom da osoba koja tu stvar izlaže usmeno ili pismeno ili pak u dijalogu, većini svoje publike izgleda kao da ništa ne zna od onih stvari o kojima pokušava da piše ili da govori. Ta publika ponekad i ne zna da se to ne pobija duša pisca ili govornika nego suštinska priroda svakoga od ona četiri stepena, već sama po sebi defektna. Ali se saznanje o onome što je savršeno s teškom mukom rađa čak i u duši koja je savršena i to tako što se ona neprestano bavi svim ovim stepenima saznanja, prelazeći naizmenično gore-dole s jednog na drugi. Ako je neko po prirodi rđav (a stanje duše kod većine je od prirode takvo s obzirom na sposobnosti saznavanja i na ono što se zove moral), ili ako se pak iskvari, ni sam Linkej[1] takvim ljudima ne bi uspeo da otvori oči. Jednom rečju, kod onoga koji nije srodan s *bićem po sebi* to nikada ne bi uspela da učini ni lakoća shvatanja ili pamćenja, jer u tuđim dušama ono i ne pušta korena — tako da i oni koji nisu prirasli i srodili se sa pravednim i svim drugim lepim stvarima — makar da inače lako shvataju i dobro pamte, kao ni oni koji su sa takvim stvarima srodni ali teško shvataju i loše pamte — nijedni od ovih nikada neće shvatiti pravu istinu o vrlini i o poroku, koliko je to uopšte u ljudskoj moći. Njih je, naime, nužno saznavati ujedno, istovremeno i ono što je lažno i ono što je istinito kod suštine kao celine, posvećujući tome mnogo truda i vremena, kao što sam na početku rekao. Kad se, dakle, svako pojedino od njih s naporom tako međusobno izučava (to jest nazivi, definicije, pogledi i čulni utisci) i pobija pomoću dobronamernih argumenata, a pri tom se ljudi ne služe zavidnim pitanjima i odgovorima, onda svaku tu pojedinu stvar obasja mudrost i razum s najvećim intenzitetom za koji je čovek uopšte sposoban. Stoga je svaki ozbiljan čovek daleko od toga da ikada piše o ozbiljnim stvarima, jer ih na taj način izvrgava ljudskoj zavidljivosti i sumnjičavosti. Jednom rečju, dakle: kada neko vidi nečije napisano delo, bilo zakonodavčevo o zakonima, bilo nekoga drugog o nekoj drugoj temi, treba da zna na osnovu gornjih argumenata kako te napisane stvari ne pokazuju najozbiljnija shvatanja svog autora, ukoliko je on inače ozbiljan, nego da se ona nalaze negde u njemu, na najlepšem mestu skrivena. A ukoliko je zaista pisanim tekstom izrazio svoje ozbiljne misli, »*tada su mu, zacelo*«, ne bogovi nego smrtni ljudi »*oduzeli pamet*«.

Tako će, dakle, onaj ko je pratio moje izlaganje i ovu digresiju, dobro znati da u tom slučaju, ako

---

[1] Jedan od Argonauta sa poslovično oštrim vidom. Metaforično, označava čoveka koji je u stanju drugima da »otvori oči«.

je Dionisije ili neko drugi, manje ili više značajan, išta napisao o najvišim primarnim stvarima, po mome mišljenju on o tome što je napisao ništa valjano nije čuo ni na predavanjima niti sam saznao; jer bi on to poštovao isto kao ja i ne bi se usudio da to izloži neslaganju drugih i njihovih nepristojnosti. Nije on to napisao ni kao podsetnik — jer nema bojazni da bi neko to mogao da zaboravi ako mu se jednom upije u dušu: ništa se drugo, naime, ne može iskazati toliko sažeto — već, ako je to napisao, bilo je to iz sramotnog častoljublja, bez obzira da li je to predstavio kao svoje sopstveno ili je hteo da se pokaže kao obrazovan čovek, i to u stvarima kojih nije bio dostojan, iz ljubavi prema slavi koja inače prati takvo obrazovanje. Ako je, dakle, Dionisije usvojio tu nauku samo na osnovu jednog jedinog razgovora sa mnom, neka mu bude; ali kako se to zapravo dogodilo, »neka zna samo Zevs«, kako bi rekli Tebanci. Ja sam mu, naime, kao što sam rekao, rastumačio svoju nauku jedan jedini put i više nikada ponovo. A sada, kome je stalo da sazna kako se s tim u stvari dogodilo, mora biti obavešten iz koga razloga mi tada nismo o tome raspravljali dvaput, triput ili više puta. Da li je Dionisije, saslušavši to samo jednom, mislio da dovoljno zna i da li je stvarno znao, bilo da je sam to pronašao ili je ranije naučio od drugih, ili je smatrao da ništa ne vredi ono što ja govorim, ili je, pak, na trećem mestu, držao da to njemu ne odgovara nego da prevazilazi njegove snage i da on zaista nije u stanju da živi brinući se o mudrosti i o vrlini. Ukoliko je, naime, smatrao da ništa ne vredi to što ja govorim, sukobiće se s mnogima koji će posvedočiti suprotno i čiji bi sud o tim stvarima bio daleko kompetentniji. A ako kaže da je to on pronašao ili saznao, po njemu je, prema tome, to bilo vredno za obrazovanje slobodne duše. Kako onda, ukoliko nije čudan čovek, da svog vođu u tim stvarima, svog učitelja, tako lakomisleno povredi?«

Sedmo pismo (340b—345c)

GLOTOLOŠKA MESTA KOD PLATONA
(IZBOR[1])

Alkibijad	128e—129c	*Fileb*	12b
	130de		12c—13a
			17a—c
Država	336a		17e
	368d		18b
	402a		18d
	461d		20b—22c
	462c		25a
	463e		42d—43e
	473e		64c—65e
	560e		66a—66c
	562c		
	572e	*Gorgija*	449b—450c
Državnik	260e	*Harmid*	163d—e
	265c		175bc
	267b		
	277dc	*Kratil*	383a—385e
	285c		387b—388c
			389de
Eutidem	276e—277b		390de
	277e—278c		391d—394c
			394de
Fajdar	244b		397b—d
	237d—238b		398d
	275b—276a		399ab
	277e—278a		404bc

---

[1] U ovaj spisak uključeni su i dijalozi koji su već ranije prevedeni na srpskohrvatski.

	409d—410a		244b—d
	411b		252e—253a
	414cd		
	418a—c		257e
	422c—424a		259d—260c
	424c—435d		261c—264b
	436a—d		267d
	438a—439b		
		Teajtet	166e
Kritija	109c—110a		177e
	113a		184bc
			186de
Kriton	44c		198e—199a
			201c—204a
Pisma			205a—e
Peto	321d—322a		206c—208c
Sedmo	340b—345c		
		Timaj	36bc
Protagora	322a		47a—c
	329d		48bc
	335a		
	337a—c	Zakoni	627d
	349c		644a
			693c
Sofist	218bc		715c
	220d		864a
	225c		895d
	232a		935a
	236e		960c
	237b—e		964a

HRONOLOŠKI REDOSLED PLATONOVIH SPISA

Da bi razvoj Platonovih shvatanja o jeziku bio jasniji, u ovom izboru treba voditi računa o relativnoj hronologiji Platonovih spisa:

1. *Alkibijad*
2. *Harmid*
3. *Protagora*
4. *Kriton*
5. *Gorgija*
6. *Eutidem*
7. *Kratil*
8. *Država*
9. *Fajdar*
10. *Teajtet*
11. *Sofist*
12. *Državnik*
13. *Peto pismo*
14. *Fileb*
15. *Timaj*
16. *Kritija*
17. *Sedmo pismo*
18. *Zakoni*

U apsolutnoj hronologiji to bi, vrlo uslovno, izgledalo otprilike ovako:

1 — 5 : prva decenija četvrtog veka pre nove ere
6 — 10 : između 388. i 366. godine
11 — 13 : između 365. i 361. godine
14 — 18 : posle 360. godine.

BIBLIOGRAFSKI PODACI

Svi prevodi su, uz neznatna odstupanja i izmene, načinjeni prema grčkom tekstu u kritičkom izdanju Platonovih sabranih dela objavljenih u Parizu (Collection des Universités de France publiée sous le patronage de l'Association Guillaume Budé)

Delovi dijaloga *Harmid, Eutidem, Timaj i Kritija* prvi put su štampani u 1. izdanju ove knjige. Ostali prevodi, neki u kraćem obliku, ranije su emitovani preko Trećeg programa Radio-Beograda i objavljeni u sledećim listovima i časopisima:

> *Kratil* je objavljen u *Letopisu Matice srpske*, knj. 403 (1969), a zatim emitovan na Trećem programu Radio-Beograda 3. 1. 1971. godine.
>
> *Pisma* su u celini emitovana na Trećem programu Radio-Beograda od 13. 12. 1970. do 14. 2. 1971, a zatim štampana u časopisu *Treći program* (zima 1971) i u Radu, 1978.
>
> *Fileb* je emitovan na Trećem programu Radio-Beograda 1. 1. 1972. godine, a štampan u *Letopisu Matice srpske*, knj. 409 (1972) i u BIGZ-u 1984.
>
> *Teajtet* je emitovan na Trećem programu Radio-Beograda 2. 1. 1975. godine i objavljen u *Književnoj reči* br. 34 (februar 1975), zajedno s delovima iz *Alkibijada* i *Sofista*.

Dijalog *Fileb* i *Pisma* preveli su zajedno Ksenija Maricki Gađanski i Ivan Gađanski.

O PLATONOVOJ GLOTOLOGIJI

Sačuvana je priča o poslednjem Platonovom snu pre smrti: promenjen u labuda, leteo je od drveta do drveta i niko nije mogao da ga uhvati. To je protumačeno tako da će u budućnosti mnogi nastojati da uhvate Platonov duh i pravo značenje njegove filosofije, ali uzalud. I tako, filosofsko i književno delo ovog helenskog mislioca, teško i lepo, još od vremena njegove smrti, 347. godine pre nove ere, sve do danas, predmet je skoro neprekinute pažnje filosofa, naučnika i pesnika.

Pri tom, naravno, svako vreme u ovom složenom delu, koje je drevni filosof pisao više od pola veka za svoga dugog, osamdesetogodišnjeg života, traži teme najbliže svome interesovanju. Više od jednog milenijuma mitska i mistična kozmologija iz poznog Platonovog filosofskog spisa pod naslovom *Timaj* privlačila je čitaoce i komentatore, najpre u grčkom originalu, a posle u latinskom prevodu. Srednji vek se ponovo vratio *Timaju*, te je tako taj dijalog u filosofskom smislu izvršio najširi uticaj od svih Platonovih spisa. Pored toga, čitani su dijalozi *Gorgija* i *Fajdar* iz retoričkih razloga, zatim *Fajdon*, *Gozba* i *Država*. Poznati helenista Olof Žigon smatra da je samo stručnjacima bila dostupna apstraktna dijalektika u dijalozima *Sofist* i *Parmenid*, a da je humani šarm najranijih Platonovih dela otkrilo tek novije doba.

Delovi Platonovog učenja o idejama, duši i saznanju, zatim o ustrojstvu idealne države i njenim zakonima, bili su najčešće predmet proučavanja i u novije vreme. Znatno ređe se pisalo o nekim naizgled manje važnim aspektima helenskih znanja i shvatanja o kojima možemo da se obavestimo iz Platonovih dijaloga. Jedna od takvih, sasvim nedovoljno proučenih tema, na primer, jeste analizovanje Platonovih istorijskih znanja. Metodski, ovo je moguće ozbiljno rasvetliti samo na osnovu s v i h Platonovih spisa, u kojima se obrađuju i razni drugi problemi, jer je zapravo istoriji Atine posvećen samo jedan njegov rani dijalog, *Meneksen*, pisan u vidu nadgrobne svečane besede.[1] Slično je i sa Platonovim glotološkim znanjima, kojima je posvećena ova knjiga, jer, kao što je poznato, dijalog *Kratil*, s podnaslovom *O adekvatnosti jezičkog izraza*, predstavlja samo jedan stupanj u izgrađivanju Platonove lingvistike i epistemologije. U ovom izboru zastupljena su Platonova znanja i razmišljanja o jeziku i o ulozi koju jezik ima u saznanju, i to u prvom redu u izboru iz spisa koji kod nas ranije nisu prevođeni.[2] Ovaj specifičan aspekt pristupa Platonovoj filosofiji ima, u naše vreme ogromnog interesovanja za jezičku problematiku svake vrste, pa i za razvoj ideja o jeziku u antici, višestrukog opravdanja.[3] Tim pre što ni drugde u svetu nema sličnog izbora iz Platonovih znanja o jezičkoj problematici, koja bi se, u svoj svojoj mnogostrukosti, mogla obeležiti terminom g l o t o l o g i j a.

Nasuprot dosta uvreženom shvatanju da su jezička proučavanja novijeg vremena, imamo dosta podataka da su antički filosofi i pesnici i te kako posvećivali pažnju jeziku i govoru. Zapravo, o jeziku se uvek i svuda raz-

---

[1] V. moj prevod tog dijaloga i uvodni tekst u „Letopisu Matice srpske", 417 (1976) i u izdanju Bigza, 1984. Studija *Platon i istorija* izaći će u mojoj knjizi POLITEIA — *Heleni i istorija*, u Nolitovoj ediciji Historia, uz antologijski izbor relevantnih Platonovih odlomaka iz raznih dijaloga.

[2] Na tom principu je bilo pripremljeno prvo izdanje ove knjige iz 1977. godine. U spisku glotoloških mesta kod Platona u izboru se navode i dela objavljena u prevodu drugih naših autora (str. 129—130).

[3] Opširnije o tome vidi u knjigama R. Bugarskog: *Jezik i lingvistika* (Beograd, Nolit, 1972, drugo izdanje, 1984); M. Ivić: *Pravci u lingvistici*, treće izdanje (Ljubljana, Državna založba Slovenije, 1975) i K. Maricki Gađanski: *Helenska glotologija pre Aristotela* (Novi Sad, Matica srpska, 1975) i pogovor prvom izdanju ove knjige 1977, str. 133—150.

mišljalo, o čemu svedoče i najstarije sumerske, egipatske i hetitske himne, nastale pre trideset pet pa i četrdeset vekova. Ako nije postojala lingvistika kao posebna nauka, a tačno je da nije postojala, nisu postojale ni' druge današnje nauke koje imaju zametak u antičkim sintetičkim znanjima.

Dobro je poznata antička kontroverza o prirodi jezika. To je bila omiljena rasprava o poreklu reči, o njihovoj pravoj prirodi i značenju, zatim o odnosu prema stvarima koje označavaju i prema pojmovima koje izražavaju. Ova tema, kojom se bave mnoge nauke dvadesetog veka, logika, lingvistika, teorija značenja, pa i matematika i biologija, u helenskom svetu je imala pristalice podeljene, uglavnom, na dva tabora. Jedni su zastupali stav da je jezik *nomō, thesei*, to jest konvencionalan, proizvoljan, i da se po volji može menjati, dok su drugi tvrdili da je on *physei*, to jest „po prirodi" i da postoji nužna adekvatnost između upotrebljenog znaka i njim označenog objekta.

Nevolja je u tome što su obe ove pozicije i pojmovno i terminološki bile višeznačne i nedovoljno precizne. Naime, nije uvek bilo jasno, naročito ne eksplicitno, da li se pod *prirodom* podrazumeva priroda predmeta, priroda reči, odnosno jezika, ili priroda ljudskog bića koje se služi jezikom. Naravno da ni odgovor na neprecizno pitanje nije mogao biti precizan i logički konsistentan, i to je vidljivo upravo u Platonovom dijalogu *Kratil*, koji raspravlja ne samo o spomenutim aspektima helenskog shvatanja o jeziku nego i o nekim drugim, za ovog filozofa specifičnijim, pitanjima.

Platona, najpre, interesuje status ljudskog govora, koji nastaje *davanjem naziva*. Kako je i u ovom dijalogu, kao i obično, glavna ličnost Sokrat, on navodi svoga sagovornika, Hermogena, da se slože da su govorenje i davanje naziva predmetima *radnja, praxis*. Budući da je za obavljanje svake radnje potrebno neko oruđe, neki instrument, to jest *organon*, kao instrument govorenja određuje se *reč*. Tako dobijamo prvu definiciju reči koju formuliše Sokrat: *Reč je, prema tome, izvestan instrument za proučavanje i za razlučivanje suštine stvari.* To bi onda značilo da je pomoću reči moguće saznavati suštinu stvari i da su reči adekvatne predmetima koje označavaju, to jest da one njih i odražavaju ili prikazuju. Tako dolazimo i do druge, mimetičke, definicije reči, ponovo u Sokratovoj formulaciji: *Reč je onda, kako se čini, prikazivanje glasovnim sredstvima onoga što se prikazuje i čemu, u trenutku prikazivanja, onaj koji prikazuje daje naziv glasovnim sredstvima, to jest pomoću glasova i slogova.* Na taj način su određeni i sastavni delovi pojedine reči, koji imaju tu osobinu da verno reprodukuju suštinu onoga što treba da predstave. Navode se sledeći primeri: *r* označava kretanje (kao u rečima *trčati, strujati*) *l* ono što je glatko (u rečima *klizav, lepljiv*), *o* ono što je *okruglo, oblo*, i tako dalje.

Ovakva analiza na primarne jezičke elemente, tako reći foneme u današnjoj terminologiji, i na sekundarne, od njih komponovane jezičke jedinice, međutim, ne zadovoljava u svim slučajevima, nego samo kod reči koje se mogu objasniti materijalom grčkog jezika. U drugim slučajevima Platon mora da traži drugo objašnjenje ili *ujdurmu*, kako to već Sokrat zove. Jedno od njih je dosta neobično za Platonovo doba i njegova shvatanja: nekim terminima pripisuje se negrčko, to jest barbarsko poreklo. Zatim se uočava da se istim ličnostima ili predmetima daju razna imena, jedna, kako kaže Platon citirajući Homera, u jeziku bogova ili muškaraca, a druga, opet, u jeziku smrtnika ili, pak, žena. I, najzad, navode se sinonimni izrazi za istu stvar i reči za koje bismo danas rekli da imaju istu denotaciju, ali različitu konotaciju. Sve ove instance raspravljanja polako pokazuju da Sokratova prva polazna tačka, da je reč instrument pomoću koga se stvari i označavaju i saznaju, nije tako jednostavna i prihvatljiva po svaku cenu. Ona, istina, može biti vrlo korisna, jer pomoću jezika najbrže vršimo identifikaciju i neku vrstu klasifikacije predmeta iz spoljnjeg sveta. Ali ako je reč slika predmeta, to bi s jedne strane dovelo do udvajanja stvarnosti, a s druge — ne bi se moglo govoriti istinito i lažno, ako postoji apsolutna identičnost reči i predmeta. Tako se uvodi element *dogovora koji omogućuje ljudima shvatljivu komunikaciju.*

Platona kao da nije zanimala ideja, potekla od materijalističkog filosofa Demokrita i sofiste Gorgije, da jezik služi za sporazumevanje i komunikaciju među ljudima, u društvu. Veliki mag reči, retor Gorgija, već je koncipirao jezik kao specifičan *sistem*, a na to njegovo shvatanje kao da podseća jedno mesto iz *Sofista* gde Platon kaže da se *glasovni znaci* ne mogu udruživati proizvoljno, već se neki mogu uskladiti međusobno, a neki ne, isto kao što je slučaj i sa stvarima. Tu se ne može otkriti neko Platonovo poznavanje zakonitosti koje postoje na određenim nivoima jezičke strukture, u fonetici, morfologiji i semantici. On, doduše, na nekoliko mesta govori o podeli glasova na ono što se danas zove samoglasnicima i suglasnicima, iako je to još dosta neprecizno. Pored toga, razlikuje i naglaske koji su postojali u grčkom jeziku njegovog vremena i povezuje ih s odgovarajućim elementima i ritmovima u muzici i metrici, u poeziji. Znanja iz morfologije, odnosno iz gramatike u najužem smislu, kod njega su ne samo oskudna nego čini se da ga nisu ni zanimala, jer je nekim njegovim sunarodnicima, i starijim i njemu savremenim, već bila poznata, na primer, padežna paradigma u grčkom jeziku. Ni neka druga saznanja ga nisu privlačila, recimo — uočavanje binarne opozicije jezičkih elemenata koje danas možemo da čitamo u jednom kraćem sofističkom tekstu s kraja petog veka pre nove ere. Međutim, ovaj detalj, inače bitan za svu noviju lingvistiku, bio je i Platonu tako reći nadohvat ruke, ali ga on nije iskoristio. Sam on, na jednom mestu u *Kratilu* uzgred kaže kako neka reč *može dobiti sasvim suprotno značenje* ako kod nje dođe makar do minimalne promene. Na žalost, odavde su sledile jedino intervencije u domenu etimologije, odnosno semantike, koje su inventivne i zanimljive, duhovite, podrugljive pa i poetične, ali nesistematične i nedosledne. Valjda je i to razlog što je u njegovim poznijim interesovanjima za jezik sve manje takvih etimoloških akrobacija, koje su, uglavnom, neprovodive.

Osim ispitivanja odnosa *stvar — reč*, Platona sve više zanima i odnos *misao — reč*. Ispočetka reč i *pojam* tretira kao jedno isto, ali kasnije upozorava na ograničen domet saznanja o suštini stečenog jezičkim saopštenjem. Ni reči između sebe nisu jednake — postoje bezvremeni, statični nazivi (*onomata*, imenice) i oznake radnji i vremena njihovog zbivanja (*rhēmata*, glagoli). To vodi formulisanju najmanje smisaone govorne jedinice koja mora imati oblik iskaza sastavljen od subjekta i predikta. Tako se može govoriti o sadašnjim, prošlim i budućim događajima, i o stvarima onakve kakve jesu. Istinit ili lažan govor, dakle, postaje moguć tek na nivou rečenice.

Pored ove osnovne logičke teorije[4] koju je Aristotel razvio i sitsematizovao, Platon u *Sofistu* izražava i druge značajne teorijske pretpostavke raznih kasnijih nauka. Veoma je zanimljivo njegovo uočavanje veze koja postoji između pamćenja, jezika i mišljenja: predstava u nama nastaje na osnovu opažaja i sećanja, jer čovek prosuđuje na osnovu ranijeg iskustva ono što vidi nejasno ili izdaleka. Kad čovek to i formuliše i iskaže nekom drugom, onda to postaje govor. Platonov je zaključak da je, tako, naša duša nalik na knjigu u koju sećanje s opažajima upisuje ove govore. U procesu saznavanja ideja i stvari nije samo akcenat na prepoznavanju i prisećanju na ideje, već na izvesnoj specifičnoj osobini čoveka da to doživljava, uočava, pamti, uči i saopštava.

Platon je pretpostavio postojanje nečeg invarijantnog, večno istog, izraženog brojem ili geometrijskim likom da bi se u svojoj apstraktnoj opštosti oslobodilo svega pojedinačnog — redundantnog i efemernog. Iz toga se, naročito posle njega, izrodio kruti objektivni idealizam, iako to ne bi bila jedina teorijska mogućnost daljeg razvoja njegovog učenja. Upravo njegovi pozni dijalozi pokazuju da on sam sve više stavlja težište na spoj biologije, semantike i svoje teorije o idejama. Njegov filosofski rečnik postaje sve jednostavniji, izraz lišen one metaforičnosti, simbolike i razigranosti kakva je, na primer, bila u mitu o seobi duša. Insistiranje na sposobnosti pamćenja i sećanja i na intelektualnoj delatnosti uopšte, kao na glavnim elementima ljudske svesnosti i, uopšte, specifičnosti, može se shvatiti kao začetak teorijske biologije u Platona. Jer mi znamo da ne samo slavni matematičari već i biolozi antike potiču iz Akademije, ali ne znamo do koje se mere ta disciplina mogla proučavati u samoj školi. Filosofska predznanja su nesumnjivo bila dozrela toliko da ih ni Platon nije mogao zanemarivati. Svi filosofi su se bavili i biologijom, čak i Parmenid, koji je

---

[4] Ta znanja su u većoj meri prethodila Aristotelu nego što se najčešće popularno misli, posebno zahvaljujući nekim genijalnim sofistima. O tome opširnije u mojoj knjizi navedenoj u belešci 2.

mislio da se pol deteta određuje položajem zametka u materici. To su sve shvatanja koja dele antička biologija i medicina, kao i poznata Demokritova doktrina o pangenezi. Ona neverovatno anticipira mnogo kasnije Darvinovo učenje o gemulama, danas već uveliko napušteno. Ali to je bio nivo znanja na koji se morala nastaviti Platonova ne samo spekulacija o čoveku nego i opservacija. Jer filosofija više nije mogla prelaziti preko činjenice da je i čovek postao predmet prirodnjačkih istraživanja, ali da se tim sâmo filosofsko ispitivanje još više komplikovalo. Ne samo u pogledu socijalnog, političkog i etičkog pristupa, nego i psihofiziološkog, genetičkog, logičkog, lingvističkog i estetičkog. Platonov prilog novoj problematici o čoveku upravo je genijalna anticipacija uloge pamćenja i nečeg invarijantnog, što, posle Mendela i Morgana, tek sa biologom i biohemičarem Žakom Monoom[1], i drugima, dobija danas preciznije osvetljenje. Makar da Monoova knjiga *Nužnost i slučajnost* direktno podseća na Demokrita, u nju ulaze i Platonova naslućivanja da u svetu, pa i u čoveku, postoje neke trajne nepromenljive strukture, koje se mogu izraziti brojem, formulom ili nekim apstraktnim likom. Od svih filosofskih pristupa koji ističu značaj pamćenja (na primer, Semon, Bergson i drugi), najviše na Platonovu antropologiju podseća upravo jedno moderno biološko učenje.

Platonovo pozno uverenje o jeziku kao ograničenom saznajnom sredstvu možda je najjasnije formulisano na onom čuvenom mestu iz *Sedmog pisma:* „Za svako pojedino biće postoje tri stvari na osnovu kojih se nužno stiče pojam o njemu, četvrta stvar je sam pojam — a kao peto treba staviti ono samo što je uistinu pojmljivo i što stvarno jeste. Prvo je naziv (onoma), drugo definicija (logos), treće slika (eidōlon), a četvrto pojam (epistēmē)."

Teorija značenja, lingvistika, logika i epistemologija danas traže sve adekvatnije definicije istih ovih problema. A samom Platonu, kao uostalom i antičkoj misli u celini, izgleda da je sve potrebniji obnovljen, celovit, moderan

---

[1] V. moj tekst *Čovek je stvoren da bude sam* u Letopisu Matice srpske knj. 410 (1972).

pristup. Možda će pri tom veliki drevni žrec idealizma ponešto i izgubiti od svog nezemaljskog i nadzemaljskog oreola, možda će biti manje žrec, ali će možda i njegovo učenje izgledati malo manje — idealizam.

Ksenija MARICKI GAĐANSKI

SADRŽAJ

ALKIBIJAD

Iz neznanja se može izići jedino samoupoznavanjem. Šta znači: Upoznati samoga sebe? (128e—129c) (130de) 7

HARMID

Šta znače jezički nazivi (163de) 11

EUTIDEM

Šta čovek uči (276e—277b) (277e—278c) 15

KRATIL

U čemu se sastoji adekvatnost jezičkog izraza (383a—364c) 21
Hermogenova teza: Jezik se zasniva na dogovoru i saglasnosti ljudi (384c—385e) 22
Govorenje i davanje naziva su radnje (387b—387d) 24
Reč kao instrument za poučavanje (387d—388c) 25
Homer o adekvatnosti imena: govor *bogova* (391d—392b) 26
Homer o adekvatnosti imena: *muški i ženski* govor (392b—393b) 27
Davanje naziva *prirodnom potomstvu* (393b—393c) 28
Pravo značenje reči bez obzira na njihov izgled (393c—394c) 29
Imena bogova (397b—397d) 31
Pojedinačni nazivi nastaju menjanjem ili sažimanjem višečlanih izraza (399a) 31
Barbarsko poreklo pojedinih reči (409d—410a) . . 32
Namerno *ulepšavanje* jezika (414cd) 33
Dodavanjem i izostavljanjem *slova* menja se značenje reči (418a—c) 34
Osnovni sastavni delovi reči; primarne i sekundarne reči; mimetički govor (422c—e) . . . 34

Kinetički govor (422e—423b) 36
Definicija reči I (423b—e) 37
Definicija reči II (423e—424a) 38
Metod istraživanja (424c—425b) 39
Karakter primarnih elemenata (425d—427d) . . . 40
Preispitivanj? problema adekvatnosti (427d—429e) 42
Naziv kao *prikaz* predmeta (430a—431c) 45
Slika nije identična s predmetom koji prikazuje
   (432b—432d) 48
Značenje reči zavisi i od upotrebe, navike i dogovora ljudi (432e—435d) 48
Stvari treba saznavati direktno, a ne na osnovu
   imena (438a—439b) 53
Ceo problem je potrebno temeljno ispitati iz početka (440d—440e) 55

TEAJTET

Odnos reči, predmeta i opažaja (186de) (198e—
   199a) 62
Sokratov san o saznatljivom i nesaznatljivom
   (201c—202c) 63
Odnos fonema i sloga (202d—204a) (205a—e) . . 64
Odnos mišljenja i jezika (206c—208c) 68

SOFIST

Teajtet i Stranac iz Eleje traže definiciju sofista
   (218bc) (232a) 77
Šta znači izraz *nebiće* (237b—e) 78
Šta znači izraz *biće* (244b—d) 79
Međusobno slaganje *slova* (252e—253a) 80
Greške u govoru i mišljenju (259d—260c) . . . 81
Položaj nebića s obzirom na mišljenje i na govor.
   Imenice, glagoli i rečenice (261c—262c) . . 82
Iskaz kao spoj subjekta i predikata; istinitost
   iskaza (262c—263e) 84
Mišljenje i govor (263e—264b) 86

FILEB

Da li je *dobro* mudrost ili uživanje (11a—12b) . 93
Da li postoje različita uživanja (12c—13a) . . . 94
Da li postoje različita saznanja (13e—14a) . . . 96
Jedno i *mnogo* se objašnjava na primeru slova i
   tona (17a—c) 97

Podela glasova na vrste (18b—d) 98
Dobro nije ni mudrost ni uživanje, već nešto
treće (20b—21d) 98
Život kao spoj uživanja s mudrošću (21d—22c) . 101
Tri vrste života (42d—43e) 102
Metod ispitivanja (44a—45d) 104
Definisanje ideje najvišeg *dobra* pomoću lepote,
srazmere i istine (64c—65a) 105
Mudrost je najvišem *dobru* bliža nego uživanje
(65a—65e) 107
Skala vrednosti onoga što je *dobro* (66a—66c) . . 108
Zaključak i vraćanje početnoj tezi (66d—67b) . . . 109

TIMAJ

Nastanak ekvatora i ekliptike u vidu slova X
(36bc) 113
Uloga vida, govora i sluha (47a, b—c) 113
Uloga glasa i govora (47c) 114
Elementi u prirodi i elementi sloga (48bc) . . . 114

KRITIJA

Imena kao svedoci atinske prošlosti (109c—110a) . 117
Kritijino objašnjenje o imenima (113a) 118

PISMA

Jezik državnog uređenja (5, 321d—322a) 121
Putevi i stepeni saznanja (7, 340b—345c) 121
GLOTOLOŠKA MESTA KOD PLATONA 129
HRONOLOŠKI REDOSLED PLATONOVIH SPISA . . 131
BIBLIOGRAFSKI PODACI 132
KSENIJA MARICKI GAĐANSKI:
PLATONOVA GLOTOLOGIJA 133

RAD
Beograd
Moše Pijade 12

Glavni urednik
Dragan Lakićević

Za izdavača
Milovan Vlahović

Korektor
Jelica Lazić

Nacrt za korice
Janko Krajšek

Tiraž
8.000 primeraka

Štampa
GRO „Kultura"
OOUR „Slobodan Jović"
Beograd
Stojana Protića 52

CIP — Каталогизација у публикацији
Народна библиотека Србије, Београд

875-83

ПЛАТОН

O jeziku i saznanju / Platon; [izbor i pogovor Ksenija Gađanski; prevod sa grčkog Ksenija Maricki Gađanski i Ivan Gađanski]. — 2. izd. — Beograd: Rad, 1988. — 139 стр. ; 20 cm. — (Reč i misao. Ponovljena izdanja; 309)
O Platonovoj Glotologiji: стр. 133—139.
ISBN 86-09-00158-X
165.12 800.1
ПК: a. Језик
   б. Говор
   в. Платон (427—347 пре н.е.)

ISBN 86-09-00158-X

www.ingramcontent.com/pod-product-compliance
Lightning Source LLC
LaVergne TN
LVHW051127080426
835510LV00018B/2282